グループ経営戦略論

―企業グループの効率的運営に向けて―

原　正則　著

文眞堂

推薦の辞

　今日の経営問題は単一の企業から企業グループにおける問題という広がりの中で検討される必要が出てきた。中でも，本書が取り上げている親子関係での問題は重要かつ焦眉なものとして注目されている。筆者は長らく実務に携わり海外子会社の責任者としても実際に多くの困難な問題に直面し，その解決にあたってきた。こうした貴重な経験を理論的に研究し，疑問に感じていたことを解明したいという強い思いから社会人院生として大学院に入学し，研究に励んできた。

　財閥以来の伝統を持つグループ経営は，戦後の持株会社禁止による財閥解体以降もはや戦略的なものとなり得なかった。戦後半世紀を経た1997年の純粋持株会社の（部分的）解禁は，財閥の復活は引き続き禁止されたが，企業グループの戦略的グループ経営化を渇望する人々には多くの期待を抱かせた。しかし現実は，そうならなかった。そもそも期待していたほど，純粋持株会社の普及が見られなかった。また，純粋持株会社を導入したグループ経営でも，戦略的グループ経営とはほど遠いものでしかなかった。

　それは何故か。戦略の本質は，短期的には全体のために部分の犠牲が伴う，つまり「長期的視点で，グループという全体的観点からグループ利益の追求が行われる」ということに見出される。したがって，子会社少数株主の不利益に対する適切な対処が無ければ，戦略的グループ化は実現が阻まれる。わが国に広くみられる親子会社上場ではこうした状況が生み出されていた。対応としては，戦略的経営における子会社の犠牲が可能とされるドイツの契約コンツェルン型の法改正か，上場子会社の完全子会社化による非上場化のいずれかでしかない。現段階では，周知のようにドイツコンツェルン法に準拠した子会社の犠牲を認める法改正は困難であるため，親子上場の完全子会社化，すなわち非上場化の動きが出ている。その一方で，最近フランスの「ローゼンブルーム原則」によるグループ利益優先の容認など，グループ戦略を後押しする流れが出

始めている事にも注意を促している。

　今日，企業のグローバル競争は，日本企業にグループ利益の追求を強いるもので，グループを一つの戦略的単位としたグループ経営戦略の必要性を必然化している。しかし，その実現はあまりにも多くの障壁に遮られ，グループ経営戦略は戦略不全に陥っているというのが現状である。

　その根底にはグループ経営における経営上の問題と法律上の問題がある。前者は株式会社として存続・発展していくための効率的運営にかかわるものであるのに対し，後者では様々な経営内外の利害調整，社会経済全体の利益という観点からの公正な競争の確保といったものである。これらは「効率と公正」という二律背反の関係にあり，その関係に置かれたグループ経営が，利害対立における公正に過度に傾いた結果，グループ経営戦略に戦略不全を惹き起こしたのである。

　これまで企業，特に親子会社，親子上場会社さらにコンツェルンにおける法的問題についての研究蓄積は多くある。しかし，それは公正という法学的視点からのもので，戦略的グループ経営を考察する上で，必須の効率が軽視されている。本書はこの効率という側面を補完する，法学的視点と経営学的視点からの総合的研究である。「法と経済学」という学際的研究が近年注目されている中で，本書はいわば「経営学と法」に相当するもので，従来の法学的研究成果を再検討すると同時に，新たな経営学的視点から考察を加えている。この研究スタイルは筆者の来歴とも無関係ではない。企業の第一線から退いた後，真摯にこのような困難な問題に挑戦的に取り組んできたことに改めて敬意を表したい。

中央大学名誉教授　髙橋　宏幸

まえがき

　本書は，わが国企業グループの効率的運営に向けて何が課題としてあり，その解決策としてどのようなものがあるのかについての解明を目的としている。

　わが国企業グループは経済成長の流れに沿って企業規模の拡大および経営体制の複雑化に対応し，主として各事業部からの分社化もしくは資本参加による統合により形成されてきた。そしてこの企業グループは，グループ全体の事業価値の最大化，模倣困難で独創的なグループ・バリューチェインの設計にもとづき経営されている1つの戦略的な経済単位である[1]。この権限移譲による分社化は1法人（株式会社）となることによる自律性やモチベーションの向上により，国民経済への活性化に貢献してきた。この形成要因をわが国特有の親子間資本関係の多様性の視点，および企業の境界の視点から理論的解明を試みている。

　この企業グループは主にタテ型（親子型）とヨコ型（純粋持株会社）によって組成されている。タテ型の1つの形態である親子上場にかかわるメリット・デメリットを検証し，親子上場は親会社および市場からの二重のチェックを受けるメリットから肯定的にとらえるべき存在であると結論付けている。またヨコ型の典型例である純粋持株会社は2010年時点において社数ベースで東証上場企業の18%を占めているが，そのもつ2つの機能である経済力集中機能（業界再編機能でもある）と組織再編機能のうち，組織再編機能は企業の多角化等の企業戦略に有効に機能していることを明らかにしている。

　企業グループ経営にともない惹起する親会社の企業優位性追求のための企業戦略と，傘下子会社の競争優位性追求のための事業戦略との乖離は，親会社にとり企業統制と組織運営に過大な負荷をもたらす。この乖離を法的ルールならびに経済的機能の側面からどう克服しているのかにつき検討している。また多

1　高橋（宏）[2009] 86ページ。

くの子会社の組織体制は単品目を担う職能別組織であることからくる子会社単体の効率的な運営についても言及している。

　さらにグループ経営における親子会社間の効率的な運営の隘路となっている2つの法的ルールにつき検討している。1つ目はグループ全体の利益が個々の子会社利益より優先することの意義を明らかにしている。親会社は株式所有を通じた実質的支配力によって子会社を統制してきたが，「自社の利益なのかグループの利益なのか」という曖昧さを払拭して，親会社の子会社に対する指揮権に法的拘束力をもたせることが必要である。それは親会社が株式所有を通じ実質的支配によって子会社を統制する，という脆弱さからの脱却を意味するものである。2つ目は，親子間の利害の不一致すなわち親会社による子会社からの搾取の問題からくる子会社少数株主の保護についての法的ルールについてである。現状わが国においてはその保護につき有効な手立てが用意されていないが，米国においては親会社による子会社少数株主への忠実義務履行は自明のこととして運営されてきた。わが国においても米国と同等の規定は必要であり，あらたな立法は不可欠と考える。

　これらの法規制をめぐる2つの提言は海外の法的ルールとの親和性をもたせる趣旨であり，現在海外投資家に資金調達の多くを依存しているわが国資本市場にとり有効な方策となる。

　本書は筆者が中央大学大学院経済学研究科に提出した博士学位申請論文「わが国企業グループの効率的運営の戦略的課題—法的ルールと経済的機能の視点から—」をもとにしたうえ発表済みの次の通りの論文や学会発表を集大成したものである。

著作
2009年「日本企業の反競争行為による経営非効率の分析—独占禁止法の域外適用についての一考察—」『東アジア経済経営学会誌』第2号。
2011年「株主間利害対立に係る法的ルールの経済学的分析」林昂一・高橋宏幸編著『現代経営戦略の展開（中央大学経済研究所研究叢書 第53号）』共著，第6章，中央大学出版部。
2013年「グループ経営における子会社の態様—制度変更と経済的機能からみた組織再編行動の分析—」『中央大学経済研究所年報』第44号。

2016年「グローバル経済におけるグループ経営の現況とその課題」高橋宏幸・加治
　　　敏雄・丹沢安治編著『現代経営戦略の軌跡（中央大学経済研究所研究叢書 第
　　　67号）共著，第2章，中央大学出版部。

学会発表
2009年8月20日「日本企業の反競争行為にかかわる非効率の分析」東アジア経済経
　　　　　　営学会・（社）韓日経商学会，千葉商科大学学会報告
2010年8月19日「株主間利害対立に係る法的ルールの経済学的分析」東アジア経済
　　　　　　経営学会・（社）韓日経商学会，済州大学校　経商大学学会報告
2012年9月22日「グループ経営における組織再編の態様―法的ルールと戦略経営の
　　　　　　視点から―」国際戦略経営研究学会，立命館大学学会報告
2015年8月18日「グループ経営における組織再編の態様―子会社政策にみる日米の
　　　　　　企業行動の対比の視点から―」東アジア経済経営学会・（社）韓日
　　　　　　経商学会，金沢大学学会報告

　本書の構成は次のとおりである。
　第1章はわが国企業グループの現状分析である。ここでは経済活動のグローバル化に対応した組織や事業構造の変化に言及したうえ，わが国において親子型グループ経営が定着している構造的要因につき分析している。
　第2章でわが国企業グループの形成要因を，親子間資本関係の多様性の観点から検証する。ここでは主として組織の市場化（分社化）や市場の組織化（独立会社の子会社化）につき焦点をあわせる。また法や会計制度の改訂がわが国企業の組織再編に如何に影響をもたらしたかにつき議論する。また親子型企業グループの1つの形態である親子上場の現状をレビューしたうえ，親子型企業グループ形成にかかわる理論的根拠を企業の境界の視点から，またその経済的機能につき取引費用理論にもとづき分析する。
　第3章において企業戦略としてのグループ経営を取り上げる。日本においては総じて総花的経営志向である一方，米国においては単品目経営が優勢であることからくる日米間における事業戦略と企業戦略の違いにつき論じる。そのうえ持株会社における経営戦略の機能につき言及する。
　第4章では企業グループの1つの形態である持株会社をめぐる諸課題を取り上げる。その内容は次の通りである。4-1．その現状。4-2．経済的機能とその

もつ２つの機能（経済力集中および組織再編機能）。4-3. その理論的枠組み。4-4. その効用とそれがもたらす企業行動の変化について。4-5. 欧米における実情把握。

第５章にてグループ経営における親会社の経営指揮権とその義務についての実務面および法制度面からみたその背景に触れたうえ，「自社の利益を優先すべきか企業グループの利益を優先すべきか」という問題につき親会社および子会社それぞれの立場から分析する。さらにドイツにおける体系的な企業結合規制コンツェルン法に言及したうえで欧州（EU）における近時のグループ法制の動向につき検討する。

第６章は株主間対立問題についてである。親子会社間においては親会社が大株主として子会社少数株主と共存状態にあり，その構造上株主間利害対立問題を内包している。この少数株主保護にかかわる日米の法的ルールの差異を分析したうえ，これらの議論を踏まえて利害対立問題の分析をすると同時に，わが国の規制導入の可能性すなわち日米の資本市場[2]の親和性についても検討を加える。

７章「むすび」でグループ経営の効率性の隘路となっている親子関係にかかわる２つの法的ルール改定の提言の根拠についてレビューしている。さらに本書に残された課題につき言及している。

本書の分析方法は純粋持株会社を含む親子型企業グループの形成要因，そしてその経済的機能につき，主として経営指標分析の手法にて究明を図る。あわせて支配株主である親会社と子会社少数株主間の利害対立が深刻化したことにより親子会社間の事業再編が増加したが，その点につき分析を試みる。特にグループ経営の典型的形態である純粋持株会社においては親会社が自ら事業をせず専ら戦略の司令塔を担うにも拘らず，その子会社支配の権限と責任が制度上

---

[2] 外国人による東証１部企業に対する持株比率に目を向けるとその比率は2015年３月末現在31.7％に達しており，信託銀行（公的資金による証券投資を具現化）と個人・その他の各々18.0％，17.3％を大幅に上回っている。この事実はわが国上場企業に株主価値向上の圧力，すなわち「企業統治」「株主還元姿勢」「ROE重視」等につき企業への要求が増すことを意味している。これらは株主価値向上を要求するものであり，現状一般的と思われているグループ経営がその要求にこたえられるか否かが問われている。これに答えられない場合には現状の子会社政策は，その転換を迫られることになる（2015年６月19日付日本経済新聞記事）。

明確になっていない点につき解明を試みる。

　また日米の企業をめぐる法・会計等の制度比較による制度の違いの解明，およびわが国のグループ経営における組織再編に内在する法的ルールを含めた課題と今後のあり方についても検証する。つまりグローバルスタンダード下の企業間競争において制度の相違が如何に資本の流れに影響を与えているのかを検証し，わが国制度改革にどう取り組むべきかにつき提言している。

　筆者の博士号（経営学）の取得にあたってはさまざまの方々のご指導・ご支援を賜ったことにつきあらためて深く謝辞を申し上げたい。
　論文の審査に主査を引き受けていただいただけでなく論文完成まで長期にわたり強力に後押し頂いた中央大学経済学研究科の高橋宏幸教授，および副査として論文を精読いただいたうえかずかずの貴重なアドバイスを賜った中央大学経済学部の石川利治教授，井村信哉教授，中央大学総合政策学部の花枝英樹教授には深く感謝申し上げたい。
　高橋宏幸教授には2008年中央大学大学院経済学研究科経済学専攻博士前期課程入学以来一貫して指導教員となって頂き，企業勤務の経験しかなくアカデミックな世界とは無縁であった筆者に対し文字通り手取り足取りご指導頂いた。それは単に企業経済学のゼミ指導や論文の書き方にとどまらず，各種学会や研究会への参加や習得すべき履修科目の指導等多岐にわたるものであり高橋先生の叱咤激励がなければ論文の完成に至ることはなかったと思うと，感謝の念で一杯である。

　副査の先生方のうち石川教授には直近のジャーナルの読破とボリュームの大切さを学んだ。井村教授には論文の構成と論理的展開の重要性につき指導を受けることができた。また花枝教授からは企業財務の視点からの指摘を頂くことができた。
　また中央大学大学院入学以来，経済学・総合政策研究科の合同ゼミにおいて林昇一教授，古川浩一教授，丹沢安治教授には大変お世話になった。さらに大学院の履修科目における諸先生およびクラスメートにはさまざまな切磋琢磨の機会を得ることができた。これにより筆者のリタイア後もアカデミックな世界

に接することができたことは何にもまして貴重な経験となった。

　本書の刊行にあたっては文眞堂の社長前野隆氏および専務取締役前野眞司氏には，筆者の書籍出版の未熟さをカバーしていただき深く感謝申しあげたい。

　最後に会社生活リタイア後に気ままな学生生活を送る筆者を精神的にサポートしてくれた，妻和加子にも感謝したい。

　2018年9月10日

原　正則

目　次

推薦の辞……………………………………………………高橋宏幸…… i
まえがき……………………………………………………………………… iii

第1章　企業グループの現状分析 ………………………………… 1
1　企業グループの定義 ……………………………………………… 1
2　本書が取り上げる問題意識 ……………………………………… 1
3　わが国企業グループの現状分析 ………………………………… 4

第2章　企業グループの形成要因とその経済的機能 …………… 12
1　企業グループ形成の要因分析 …………………………………… 12
2　親子上場の現状 …………………………………………………… 24
3　米国における子会社上場の態様にはどのようなものがあるのか …… 32
4　親子型企業グループにおける経済的機能の分析 ……………… 38

第3章　企業戦略の視点からみたグループ経営 ………………… 59
1　日米経営戦略の比較 ……………………………………………… 59
2　戦略レベルの階層の視点からみた日本企業の特徴 …………… 62
3　親会社とグループ子会社間のエージェンシー問題 …………… 64
4　U型組織としての子会社の経済的機能 ………………………… 66
5　持株会社による企業戦略の機能 ………………………………… 67

第4章　持株会社をめぐる諸課題 ………………………………… 69
1　持株会社の現状 …………………………………………………… 69
2　持株会社が固有にもつ2つの機能 ……………………………… 71
3　持株会社にかかわる理論的枠組み ……………………………… 72

4　持株会社の効用とそれがもたらす企業行動の変化について ………… 77
   5　欧米における持株会社の実情把握 …………………………………… 84

第5章　グループ経営における経営指揮とその責任 ……………… 93

   1　親会社の「指揮命令権」をめぐる諸問題 …………………………… 93
   2　「自社の利益」を優先すべきか「企業グループの利益」を優先すべ
　　　きか ……………………………………………………………………… 96
   3　「多重代表訴訟制度」の導入について ……………………………… 101
   4　ドイツにおける体系的な企業結合規制について …………………… 106
   5　欧州におけるグループ法制の動向について ………………………… 110

第6章　少数株主保護にかかわる諸課題 ……………………………… 118

   1　わが国の少数株主保護にかかわる法的ルールについて …………… 118
   2　少数株主保護にかかわる諸課題の分析 ……………………………… 120
   3　株主間利害対立が引き起こす非効率 ………………………………… 124
   4　子会社少数株主問題の解決策 ………………………………………… 125
   5　公正と効率のトレードオフの側面からみた株主間利害対立の問題 … 126
   6　エージェンシー理論からみた少数株主保護問題 …………………… 127
   7　子会社少数株主保護を目指す立法の必要性について ……………… 131

補論　日本企業の反競争行為による経営非効率の分析 …………… 139
　　　　―独占禁止法の域外適用についての一考察―

   1　はじめに ………………………………………………………………… 139
   2　独禁法の域外適用について …………………………………………… 140
   3　国際カルテル …………………………………………………………… 142
   4　カルテルの社会的費用についての経済的分析 ……………………… 144
   5　エージェンシー理論からみた企業の反競争行為 …………………… 146
   6　日本板硝子の価格カルテル事件 ……………………………………… 147
   7　むすび …………………………………………………………………… 149

資料：わが国7大総合電機メーカーの損益推移……………………………… 152
　　―連結ベース決算と親会社単体決算の対比によるグループ収益力の
　　　分析―

あとがき………………………………………………………………………… 160
参考文献………………………………………………………………………… 165
索引……………………………………………………………………………… 170

第1章
企業グループの現状分析

1 企業グループの定義

　本書でいう「企業グループ」とは親会社（例えば日立製作所・新日鉄住金）を頂点として子会社や関連会社など複数の傘下企業から構成されるグループであり，親会社が子会社・関連会社に対して議決権の所有を通じた親子関係にある形態を示している[1]。これには大きく3つのパターンがみられる。1つ目は日立製作所とか新日鉄住金等が形成する系列・サプライヤシステムを対象とする垂直統合型（タテ型）であり，2つ目は富士フィルムホールディングやキリンビールホールディング等（いずれも純粋持株会社，以下持株会社と略称する）にみられる，傘下に異なる事業を展開する企業群の組み合わせによる水平拡大型（ヨコ型）である。またこの2つの両方をミックスしたグループ形態として例外的なグループ構造である，大阪ガスを例とする混合型もある。これは当社の都市ガス業の歴史的発展に伴い形成されたという側面があるが，ガス製造を中心とする各事業部によるタテ型組織がある一方，非ガス部門が異なる事業を担う子会社群がトップマネージメントの傘下に入るヨコ型が混合している型である[2]。
　このように「企業グループ」は過去に存在感を示していた旧財閥や銀行主導の六大企業集団を対象としない[3]。

2 本書が取り上げる問題意識

2-1 企業の組織形態や経営の管理手法の変化
　企業の組織形態や経営の管理手法は経済発展ならびに環境変化とともに変遷

していくが，1980年代後半の東西冷戦終結後に急速に進んだグローバル化による企業間競争の激化はわが国企業の組織再編に新たな進展をもたらした。

そしてバブル期の多角化戦略にともなう企業の分権化，その後の経済低迷期における「選択と集中」戦略への転換は，わが国の企業グループ経営における組織再編の態様をめまぐるしく変化させている。そして親会社の1事業部から分離して子会社化すること，またあらたに設立した持株会社の傘下に各会社が入るというような形で企業グループが形成されることは，わが国においては一般的なことになっている。

また経済のグローバル化に対応した法制度の改革も組織再編の円滑化に貢献している。例えば，①1つの会社を2つの法人に分割する会社分割制度，②完全親子関係を形成するために子会社の全株式を親会社が取得する対価として親会社株式を提供する株式交換制度，③あらたに設立した親会社（多くは持株会社）が1ないし2以上の企業の全株式を取得することにより，既存企業がその傘下企業となる株式移転制度等が導入されている。

本書はわが国の企業グループ経営における親子会社関係の現状およびその制度設計がもつ課題，より具体的には「親子会社間の法的ルール」と「その経済的機能」につき分析するものである。

そのためまずグループ経営の現状とその経済的機能について分析したうえ，たとえ経済的機能が有効であっても制度設計上どのような問題が円滑な運用の隘路になっているのか，その解決策として何があるのかについて焦点を当てる。

2-2 親子会社関係における法的ルールについての2つの課題

1つ目は企業グループにおいて親子会社の双方で，自社の利益とグループ全体の利益が必ずしも一致しない場合があることに対する対応策についてである。これはグループにおける親会社取締役と子会社取締役の従属関係から生じる利益相反問題とも言い換えることができる。

これはすべての形態の親子関係において発生する問題でもある。特に持株会社では自ら事業を遂行せず傘下子会社の支配や統括管理を主たる業務とし利益の源泉は傘下子会社群の事業活動に依存しているにもかかわらず，その親会社

の子会社に対する指揮権に法的拘束力がないという問題がある。子会社取締役は事実上の支配により親会社からの拘束から逃れられず，この子会社取締役は親会社である持株会社の指揮に従った結果自社に損害が発生した場合は責任を免れられない。これは会社法上，子会社取締役は自社の株主に対して善管注意義務を負っていることからくる帰結でもある。

　会社法の基本的概念は，それぞれの会社の取締役の負う善管注意義務は自社の収益を第1義的に考えることを予定している。しかしグループ全体の利益を考慮したとき，親会社の指揮権とそれにもとづく指図に従うことを拒否することが常に正しいとはいえない。ここで想定されるのは破綻の危機に陥った子会社の親会社による救済とか清算のケースであり，親会社は自己に損害が出る蓋然性が高い場合であってもこれらの行為が子会社の価値を高めることによってグループ全体の価値の維持もしくは向上が実現するのなら親会社の指揮権は是認されるべきであろう[4]。この親会社指揮権は上記のような救済とか清算のケースに限らず，日常的な親子会社間取引等でもグループ全体の価値向上が実現されるのであれば当然に適用されるべきものである。なおこの問題につき，欧州のECレベルにおいて企業活動のグローバル化やグループ化の影響を受けて，むしろ親会社や企業グループ全体としての活動を優先するべきとする提言がなされている[5]。

　2つ目は親子関係において事実上の支配権をもつ親会社株主と子会社の少数株主との利益相反問題であり，子会社を通じた支配株主の私的便益の引き出しに対する制約をどう規定していくかにかかわる問題である。ながらくこの少数株主保護の問題は議論の的になっており，少数株主保護すなわち「支配株主の少数株主に対する忠実義務は認めるべき」という米国の判例理論で自明のこととされていることを論拠に，これを認めるべきとする考え方がある。これは外国人投資家による資金に多くを依存するわが国証券市場においては，日米の法的ルールに親和性をもたせるべきという実務上の要求からもきている。逆に実業界からは新たな少数株主保護規定は支配株主の積極的かつ柔軟な企業グループ運営の足枷になる，という理由から否定的見解が出されており現在に至るまで少数株主保護規制は認められていない。この反対論者は2014年の会社法改正により導入された「多重代表訴訟制度」により支配株主による子会社取締役へ

の責任追及が可能であり，親会社株主が子会社取締役に対して牽制手段をもつことになることで充分この問題を対処できると主張している。

　筆者はこれらの現状分析を通して，実効性のある制度設計につき提言したいと考える。

3　わが国企業グループの現状分析

3-1「子会社」と「関係会社」の定義

　日本企業の多くは子会社や関連会社などの関係会社を有し，企業グループとしての事業活動を行っている。ここで「子会社」とは「過半数の議決権をその他の会社（親会社）によって所有され，しかも財務や事業方針を支配されている会社」であり「関係会社」とは「親会社議決権が20％以上50％以下の会社」[6]であるが，いずれも過半数以下もしくは20％以下であっても実質支配基準により会計上は連結もしくは持分対象となる。

　大坪［2011］によると，「日本企業は概ね15社程度の子会社，5社程度の関連会社をもち，総資産連単倍率と売上高連単倍率で割りだすと企業グループの総資産額および売上高の約20％を子会社や関連会社が占めている。また1990年から2006年における時系列的な変化につき子会社数は増加傾向[7]の一方，関連会社数は減少傾向にあること，および総資産連単倍率と売上高連単倍率がともに増加傾向にあることからグループにおける上場子会社を含む子会社の重要性が高まっていることがうかがえる」[8]とする。

　また青木［2017］は，企業グループは多角化やグローバル化によって事業ポートフォリオの複雑性を増加させてきたが，この事業構造の変化と並行してグループの巨大化がみられるとして，①1990年代の半ば以降は，親会社本体のスリム化を進めるのと同時に分社化が活発におこなわれてきた，②2000年以降はM&Aが積極的に活用されるようになった結果，連結子会社数が増えグループ組織が巨大化した。その例として表1-1わが国の代表的な企業であるトヨタとコマツにおける1997年度から2007年度の10年間でグループ組織や事業構造の変化，とりわけ海外市場への依存度が急激に高まっていることを明

表1-1 トヨタおよびコマツにおけるグループ組織や事業構造の変化

企業名	連結子会社数		売上高連単倍率		海外子会社数		海外売上高比率	
	1997年	2007年	1997年	2007年	1997年	2007年	1997年	2007年
トヨタ	261社	523社	1.50倍	2.18倍	56社	88社	57.0%	71.4%
コマツ	81社	165社	2.07倍	2.42倍	47社	61社	12.5%	77.5%

(出所) 青木[2017] 8-9ページの内容を要約して作成。なお1997年, 2007年ともに年度ベースの数値である。

らかにしている。

さらにこのようなグループの巨大化の結果, 経営者と各事業部門間, あるいは親会社とグループ子会社間の情報の非対称性が拡大した。これはコーポレート・ガバナンスの観点からみると, わが国企業が伝統的な株主と経営者間のエージェンシー問題だけでなく経営者と各事業部門間, あるいは親会社とグループ子会社間におけるエージェンシー問題にも直面することになった[9]。

3-2 わが国で親子型グループ経営が定着している4つの構造的要因

それでは何故わが国で親子型グループ経営が定着しているのであろうか。

1つ目の要因としてはわが国においては欧米とは異なった形での事業部制が定着していることがある。すなわち欧米の事業部は自律性の高い組織構造をもち, 各事業部はひとつの会社としてみなされ運営されているのが通例である。これに対しわが国の事業部制は商品別の事業部による独立採算が求められる一方, 管理体系は全社共通体系に従うのが一般的となっているため事業部の自律性が徹底されていない。これにより「選択と集中」政策により成長部門を強化するために人材の集中を図ろうとしても他部門の賃金体系と異なる体系を用意することができず, 人材の思い切った集中ができないという隘路が問題となってきた。これを克服する有力な方策として, 親会社から分社し1つの株式会社とすることにより独自の管理体制を構築する。この結果事業戦略を各事業部に担わせる制度設計として, 親会社から分社した子会社を1つの法人とすることにより傘下の子会社群が生まれる企業グループが構成されてきた。

そこでわが国特有の事業部制が自律性や資本効率意識を希薄にしている面を克服する組織改革の試みであるパナソニックで導入された内部資本制度につき

検討する。

　パナソニックは 2017 年 4 月から「内部資本金制度」を導入している。同社は 2001 年に廃止していた事業部制を 2013 年に復活し製品を開発から生産，営業まで一元管理するのみならず，事業部ごとに貸借対照表を作り本社から割り当てる資金も資本金と負債に区分することにより事業部の自律性を持たせる政策をとってきた。この制度をより資本効率を高めるため 1 つの企業のように本社から調達した資本金を自らの判断で増減資することができるようにする。この内部資本金制度の新旧を比較したのが下記の表 1-2 である。

表 1-2　パナソニックの内部資本金制度新旧比較表

経営状況	従来の制度	2017 年 4 月からの新制度
資本金過多の場合	資本金が積みあがったまま	余剰金の返還が可能
投資資金の調達方策	自己資金の範囲内で可能	投資資金を本社から借入または増資
資本効率向上策	利益を上げるしかない	減資等により資本コストを減らせる

（出所）　2016 年 1 月 14 日付日本経済新聞記事をもとに作成。

　このパナソニックの新しい施策で明らかになるのは，事業部への権限移譲を徹底するとともにグループ全体でも資本コスト（期待収益率）を上回る利益を継続して生み出すことを経営戦略にしていることにある。

　この施策は分社化により同様の効果を生み出すといえる。しかしパナソニックの場合 2003 年 3 月期の連結ベース当期損失 4,278 億円のうち 2,954 億円が子会社各社による損失であった。また 2009 年 3 月期の 2,790 億円の連結ベース当期損失のうち 2,227 億円が子会社によるものであり子会社のパフォーマンスが劣悪であった。このため経営資源の分散を排除するため有力上場子会社をそれぞれ 2002 年 3 月期 4 社（松下寿電子，九州松下電器，松下精工，松下通信）および非上場の松下電送 1 社の合計 5 社，さらに 2011 年 3 月期 2 社（松下電工，三洋電機）を完全子会社化し，上場子会社を皆無とする企業戦略をとった。つまり分社化とは逆の完全子会社化後の施策として「内部資本金制度」を導入し各事業部の財務面での自律性を確立する制度設計となったものと考えられる。

　2 つ目はわが国の労働市場の流動性が欧米に比し低いうえ，その改善のため

の労働法制に改訂の端緒さえないことが企業内の再編を阻む壁になっていることがあげられる。特に不採算分野からの撤退は日本企業にとって依然として容易ではない。そのため現在において余剰人員の受け皿としての子会社の存在意義が認められる。例えば日立グループの主力プラズマテレビ製造工場（宮崎県）の撤退の場合，従業員の再配置・希望退職の募集等でその実現に3年かかった[10]。

一方分社化された会社の株式を売却することは，人員を含むすべての経営資産を売却することになるためこのような問題は発生しにくい。その例として2016年の東芝グループの構造改革のための資金捻出を目的とする，① 子会社東芝メディカル全株をキヤノンに6,655億円での売却，② 東芝ライフスタイル（白物家電事業）の株式の80.1％を537億円で中国美的集団への売却がある[11]。

3つ目はグローバル競争の激化から，世界規模で企業業態の転換のスピードへの要求が格段に高くなっていることがある。その例としてドイツ，バイエル社の業態変化をみてみよう。

バイエルン社は表1-3の通り2003年から2014年の10年間で医療関連の売上高シェアを急増（31％から47％）させる一方，化学品の売上高シェアを減少（35％から28％）している。このような業態変化を，120億ユーロ相当分を売却・分離したうえ360億ユーロ相当分の買収により実現している。これにより売上高を約1.5倍にしたうえ，時価総額を約6倍（186億ユーロから1,051億ユーロ）増加させている[12]。

表1-3　ドイツ，バイエルン社の過去10年間（2003年から2014年）の業態変化の推移

	2003年	2014年
売上高シェア	医療関連31％，農業関連20％，高機能化学35％，その他14％	医療関連47％，農業関連22％，化学品28％，その他3％
売上高，最終損益	売上高285億ユーロ 最終損益▲13億ユーロ	売上高422億ユーロ 最終損益34億ユーロ
時価総額	186億ユーロ	1,051億ユーロ

（出所）　2015年12月29日付日本経済新聞記事を要約して作成。

4つ目として世界的な寡占化が加速していることがあげられる。下記表1-4は2015年の全世界化学メーカーの売上げ上位10傑であるが，その後2つの大型M&A[13]により化学業界はさらなる寡占化が進行している。

表1-4　全世界化学メーカーの売上高ランキング（2015年）

(単位：億ドル)

社名 国名	BASF 独国	Dow 米国	中国 油化 中国	Saudi Basic サウジ	Exxon Mobil 米国	台湾 Plastic 台湾	Lyondel 蘭国	DuPont 米国	イネ オス 瑞西	バイエ ルン 独国
売上高	787	582	580	433	382	371	348	299	297	281

（出所）　Chemical & Engineering News. http://www.sbbit.jp/article/cont1/30165

グローバルベースでみてわが国化学メーカー業界は業態転換のスピードおよび寡占業界での競争でどのような位置にあるのだろうか。ここでバイエルン社との比較でわが国化学業界売上げ1位の三菱ケミカルの業況推移につき事例研究「三菱ケミカルホールディングスのセグメント別業況推移」で検証してみよう。

〈事例研究〉　三菱ケミカルホールディングスのセグメント別業況推移

上段売上高，下段営業利益　　　　　　　　　　　　　　　　　　　　（単位：億円）

	10年度	11年度	12年度	13年度	14年度	15年度
エレクトロニクス	1,524 10	1,338 ▲53	1,182 ▲51	1,337 ▲55	1,188 ▲28	1,156 ▲10
マテリアルズ （フィルム，電池材料）	6,575 365	6,999 256	6,897 225	7,991 475	8,114 561	8,526 757
ケミカルズ （基礎化学品，ガス）	8,954 530	10,075 148	9,036 ▲2	9,551 7	11,394 92	13,211 573
ポリマー	7,312 550	6,586 238	6,757 1	8,584 23	8,346 268	7,737 433
ヘルスケア （医薬品，診断検査）	5,050 851	5,025 764	5,144 749	5,231 673	3,319 770	5,541 1,034
その他	2,254 ▲86	2,059 ▲47	1,870 ▲20	2,294 ▲18	2,202 ▲6	2,060 ▲13
合計	31,668 2,265	32,082 1,306	30,886 902	34,988 1,105	36,563 1,657	38,231 2,800

（出所）　三菱ケミカルホールディング，HPより作成。

三菱ケミカルホールディングスのセグメント別業況推移からみた組織再編の誘因について，当社2015年12月9日付中期経営計画APTSIS20にもとづき検討する。

(1) マテリアルズやヘルスケアは成長分野と目され，経営効率も高いことから経営資源を集中する。

(2) 汎用石油化学のポリマーは成長性，収益性に期待がもてないことからむしろ縮小方針であり，インドと中国の工場は撤退する。

(3) 2017年4月，三菱化学，三菱樹脂，三菱レイヨンの主力3社を統合し「三菱ケミカル」を発足する。これにより組織や機能の重複をなくすことを狙い，持株会社である三菱ケミカルホールディングスの傘下に子会社「三菱ケミカル」，田辺三菱製薬，太陽日酸，生命科学インスティテュートをぶら下げるかたちで組織再編している。これによる新組織図は次の通りとなる。

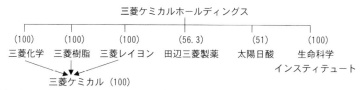

(注) かっこ書きは三菱ケミカルホールディングの出資比率（％）である。

三菱ケミカルホールディングスは世界の化学業界において売上げベースでみて業界10位のバイエルに次ぐ位置にある。まず当社の業態転換のスピードの側面からみると，① M&Aの積極的取組により5年間で売上げは2010年度の24,089億円から2015年度38,231億円と1.5倍になり，総資産はそれぞれ21,266億円から40,615億円と2倍になっている，② 営業利益はそれぞれ1,336億円から2,800億円と2.1倍増であり資産の伸びとほぼ一致した成果を示している。しかしセグメント別売上高及び営業利益の過去5年間の推移をみるとバイエルン社ほどのドラスティクな業態変化はみられない。むしろ自社の経営効率を高める戦略に軸足をおいており，不採算事業からの撤退によって効率を求める戦略をとっている[14]。

次いで世界的寡占業界での競争の見地からみると，三菱ケミカルの売上高は263億ドル（首位BASFの売上げは787億ドル）にとどまりグローバル競争で

伍すには企業規模が見劣りする。特に近時の業界再編は成長分野と目されている遺伝子組み換えおよび農薬等の農業関連に経営資源をシフトする動きが見られ，この業界に限定しても売上高で首位のモンサントをDowとDuPontの経営統合が上回ることになり一層の寡占化が進んでいる。

　しかし三菱ケミカルはこの世界的業界再編の動きに対しては規模の拡大を追求せず，また欧米の素材産業が再編により得意分野に経営資源を集中する戦略とは真逆の戦略で対抗しようとしている。すなわち「特定の分野に傾倒すれば将来の環境変化に対応できない」という中長期的視野に立ち，グループ戦略として持株会社の傘下に学品素材，医療分野，化学品加工分野，産業ガスという多様な事業を抱え「技術や事業の組み合わせが競争力になる」という思想のもとグループ全体のシナジーを追及する組織体制により対応しようとしている[15]。

注
1）　大坪［2011］14-15ページ。
2）　松崎［2013］10-15ページ。
3）　この旧財閥は傘下の諸企業を株式所有によって支配する「持株会社」が司令塔になり，さらにその上部には，持株会社を所有する家族・同族が君臨するというピラミッド型の構造をもっていた。さらに構造上の問題に規模や影響力という要素を付け加えて「家族または同族が出資し支配する多角的事業体であって，そのうちの大規模な事業部門は国民経済・地方経済に大きい影響を及ぼすほどの規模を有する」と定義されている（下谷［2009］46ページ）。しかし現在の旧財閥の実態は，家族・同族が所有と経営を排他的に支配しておらず，かつその事業が1つもしくは複数のセクターにおいて寡占的な市場支配を行っているグループとは言えない。
　　　また旧3財閥および銀行主導の六大企業集団という体制が多数の産業分野にまたがる大企業群の存在として認識されていた時期もあった。しかし株式の持ち合いやメインバンク制による融資による締め付け，さらには役員の派遣による企業集団組成は，これらの株式の持ち合いやメインバンク制度が弱まることによりその存在意義が失われ，企業グループとしての議論の対象にする意味が薄れている。
4）　河合［2012b］116ページ（一部修正している）。
5）　舩津［2015］108ページ。
6）　松崎［2013］7-8ページ。
7）　経済産業省「平成28年1月15日付け，平成27年度企業活動基本調査」は経産省所管の業種に格付けされた28,615社の調査結果として，①国内・海外子会社をもっている企業（親会社）の比率は2009年37.4%，2014年37.0%と過去5年間でほとんど変化がない（むしろ減少傾向にある），②1社あたり子会社数は2009年国内5.1社・海外6.8社の合計11.9社，2014年国内4.7社・海外7.6社の合計12.3社と過去5年間で1社あたり0.4社の子会社の着実な増加があったことを示している（これを仔細にみると過去5年間の子会社数の増加は国内の1社あたり0.4社減を海外の0.8社増で補っているかたちになっている）。
8）　大坪［2011］1-3ページ。

9) 青木［2017］8-9 ページ。
10) 2015 年 11 月 14 日付異文化経営学会，川村隆相談役プレゼンテーション資料。
11) 2016 年 3 月 30 日付日本経済新聞記事。
12) 2015 年 12 月 29 日付日本経済新聞記事。
13) このうち Dow と DuPont の経営統合（2017 年 9 月）により売上高が 881 億ドルとなり業界 1 位となる見込みであるが，統合後農業・汎用化学・特殊化学の事業ごとに会社分割をしたうえこの 3 分野で世界首位を目指すという方針である（2018 年 1 月 20 日付け日本経済新聞記事）。また中国油化によるシンジェンタ（スイス）の買収により売上げが 714 億ドルとなり，BASF の売上げに近づくことになる（2015 年 12 月 29 日付日本経済新聞記事）。
14) 当社 2015 年 12 月 9 日付プレスリリース中期経営計画（APTSIS20）。
15) 2018 年 1 月 20 日付け日本経済新聞記事。

第2章
企業グループの形成要因とその経済的機能

1 企業グループ形成の要因分析

1-1 1990年代後半からの法・会計制度改定がもたらしたもの

　1990年代後半からの法・会計制度改定以前であっても親会社からの分社化[1]，さらにはその上場によるグループ形成，および上場子会社の親会社の完全子会社化による上場廃止は可能であったが，その際株式買取りのための現金による資金調達負担をともなうのが一般的であった。この制度改定のうち特に株式交換制度の導入は，例えば企業戦略の一貫性を追求するにあたって障害となる少数株主の締出しのための上場廃止にあたり現金拠出が必ずしも必要ではなくなったため戦略の転換が容易になった。

　この分社化とその上場，そして資本参加による支配会社化（もしくは合併に

図2-1　日本企業の親子間資本関係の多様性

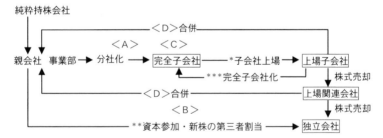

　　*（例）　日立化成工業（成長部門型）
　　**（例）　富士通ゼネラル（救済型）協和発酵キリン（合弁会社型）
　　***（例）　松下電工（上場廃止して親会社の完全子会社化）
　（出所）　大坪［2011］7ページおよび宍戸・新田・宮島［2010］［上］40-44ページを修正・加筆して作成。
　　　　　また資本関係の変化を明らかにする典型例として，おのおのの事例に該当する企業名を記載している。

よる1事業部化）というさまざまなグループ形成の態様を図式化すると，図2-1の通りとなる。

　ここで事業部を分社化したとき，当初は親会社100％持分の場合が多い（＜A＞と＜C＞が重なっている）がその後上場をするためには証券取引所の上場基準（2007年改定）により流通株式が30％以上という規制がある。すなわち親会社持株比率が70％未満である必要があることから，子会社上場を実現するためには親会社以外の持株がなければならない。逆に上場子会社を完全子会社化するためには，親会社持分以外のすべての株式を買い上げることにより完全子会社化したうえ，子会社ステータスのまま存続するというのが一般的である。

1-2　分社化そして子会社上場以降の経営主体の変化について

　経営主体の変化には次の5つの態様があげられる。
① そのまま上場子会社として存続する。
② 子会社でなくなる。すなわち親会社の持株比率が低下して支配株主でなくなることにより上場関連会社，さらには独立会社となる。
③ 上場でなくなる。すなわち完全子会社になることにより上場廃止となる。
④ 上場子会社と上場親会社との合併により②③ともになくなる。
⑤ そしてこれらを包含する位置付けとして持株会社がある。

　この図2-1を俯瞰して⑴＜A＞および＜C＞の「組織の市場化」である分社化，⑵＜B＞の「市場の組織化」といえる資本参加による独立会社の子会社化，⑶＜D＞で示す経路である上場子会社の合併，につき検討する。

1-3　「組織の市場化」といえる分社化

　図2-1の＜A＞および＜C＞は「組織の市場化」といえる分社化の流れであるが，この分社化の要因について林・高橋［2004］は「企業は高度成長期，企業革新・活性化，事業の拡大とシェアアップ，事業部門別採算管理を目的とした事業部制を導入したが，その事業規模拡大化・多角化・グローバル化によって経営活動が複雑化してくると，変化に即応した意思決定を迅速かつ的確に行うことに困難性が生じてくる」と指摘している[2]。このように経営環境

の変化に対応するために，分社化による権限移譲による経営のスピードアップを図る動機を見出すことができる。

　ところでここで企業組織の肥大化・複雑化は組織内部に潜在化することにより不必要なコストであるインフルエンスコストをもたらすことがある。例えば人事の処遇を巡りその不公平感がもたらす社内の労働インセンティブの悪化や，ゆがんだ指揮命令系統による組織内秩序の崩壊がある。さらに「ある事業部が他の事業部を出し抜いて自分の投資計画を採用するように経営の上層部に対し説得を試みる」というような「組織内部における価値の分配にかかわる意思決定に影響を及ぼそうとする試み」でもある。これらにより企業に，① 価値を生み出すためでなく便益の分配に影響を与えようとして組織のメンバーが費やす資源，② その活動のために最適でない意思決定が行われてしまった結果生じる損益，③ この活動を抑制するために政策・意思決定プロセス・組織決定プロセス・組織変更の結果生じる業績の低下等，企業に不要なコストをもたらすリスクを内包する。そこでこれらの問題点を解消するために多角化に対応して分社化することにより企業規模を小規模にしたうえ，親会社から分権組織化する。そして，① 成長部門と目された事業に特化させ，短い指揮命令系統でスピード感のある経営をさせるとか，逆に ② 衰退分野の事業を行う事業部は余剰人員の受け皿に徹し親会社とは分離した人事処遇により低コスト経営を追求するために子会社化する例が多くある[3]。

〈事例研究〉　日立化成（旧日立化成工業）にみる，子会社化によって成長部門に特化させたうえ子会社自身の効率運営のためコア部門以外の業務を外だししている例[4]。

1962年　日立製作所の化学製品部門の営業譲渡を受けると同時に日立加工を吸収合併し半導体部品・電気部品製造に特化した子会社となった。
1971年　東証1部上場。
2008年　住宅機器部門を分社化。
2012年　子会社新神戸電機を完全子会社化後吸収合併。
2014年　子会社日立粉末冶金を吸収合併。

　この経緯を見ると当社の歩みは成長分野と目される半導体・電機部品の製造

に特化し，それ以外の事業は外だしするという戦略が明確になっている。

なお日立化成の株主構成をみると，日立製作所が51.2％であり支配株主の地位を保持している一方，残りは金融機関をはじめとする少数株主で占められている。これにより日立化成は親会社による監視と，上場していることによるマーケットからの評価という2層のモニタリングに晒されていることになる。

1-4 ＜B＞で示す「市場の組織化」である資本参加による独立会社の子会社化

資本参加により独立会社を支配することによりグループの傘下におくことは「市場の組織化」とよべる企業行動である。

この古典的例として「富士通ゼネラル」がある。富士通は破綻に瀕した白物家電専業メーカーのゼネラルに資本参加して支配下に置いたうえ，自社の持つ家電部門とゼネラルを統合することにより1984年「富士通ゼネラル」を設立した。「富士通ゼネラル」において富士通は持株比率42％の筆頭株主として，白物家電を主力とする業界の一定のシェアを持つメーカーとしての地位を確保している。

またキリンは成長が見込める製薬分野の拡大に向け，製薬子会社キリンファーマにより協和発酵を新株の第三者宛割当方式により買収することにより2008年10月キリン51％，協和発酵49％持分の合弁会社「協和発酵キリン」を設立し，親会社である持株会社の傘下にぶらさげる形態とした。このキリンによる，協和発酵の連結子会社化しグループ傘下に入れるという経営戦略はそ

表2-1 協和発酵キリン・田辺三菱製薬にかかわる主要経営指標

(単位：ROS, ROEともに％)

		08年3月	09年3月	09年12月	10年3月	15年12月	16年3月
ROS	キリン	9.7	10.1	9.5	NA	10.8	NA
	三菱	17.2	17.5	NA	15.2	NA	22.0
ROE	キリン	9.5	2.3	1.6	NA	4.9	NA
	三菱	4.9	4.1	NA	4.6	NA	7.1

(出所) 協和発酵キリン（09年12月期は会計年度変更による）および田辺三菱製薬の有価証券報告書から作成。なお協和発酵キリンの2009年12月期は9カ月決算である。また2010年12月期から2015年3月期は省略している。

のパフォーマンスをみると資本参加による成功例の1つと思われる。

表2-1は2008年10月協和発酵キリン（以下キリン）の発足（キリンHD50.1％の支配株主）ならびに合併により三菱ケミカルのグループ傘下入りした2007年10月田辺三菱製薬（以下三菱）の発足（三菱ケミカルHD56％の支配株主）にかかわる同業比較の観点からみた2社の経営指標分析である。

この経営指標をみると，キリン・三菱の両社は合併後の低迷を脱しキリンの2015年12月期および三菱の2016年3月期はそのROSおよびROEの数値がともに改善を示していることから，合併効果はプラスで推移していることが明らかになる。

またこの協和発酵キリンの合併事案は「株主間利害対立問題にかかわる，事後の効率と公正」についての課題を提供している。すなわちこの例は，投資家が公開会社の株を購入した後でその会社が買収され別の会社の子会社になった事例[5]であるが，この場合当該投資家は何らかの救済を受ける必要があるのだろうかという問題である。これについては後記第6章「少数株主保護にかかわる諸課題」で詳述している。

1-5 ＜D＞で示す経路である親会社と上場子会社の合併の例について

親会社と上場子会社の合併の例は，わが国ではほとんど見られないが米国ではよくみられる事例となっている。このケースでは親子会社間の利益相反の観点からみて，親子会社間の取引についての管理・統制および親子会社の何れが投資機会を得るかという問題の解決が困難であるとされている。また米国においてこのような親子会社の合併が起こるのは，裁判所の決定により親子間取引において全般的な取引の公正性を自ら証明することが課されていることを避けることがその要因の1つとなっている。

Slovin and Sushka［1998］によると，親会社と上場子会社の合併は子会社所有に伴うコスト[6]を減じることや，規模の経済や事業の重複を排除することにより価値をもたらすという[7]。すなわち親会社と上場子会社の合併は親会社が既に支配下に置いていることから，その合併行為それ自体は他社との競争に晒されない。またこの親子会社合併のアナウンスがあったとき，その合併による市場の評価はそうでない企業同士の合併に比し高いものであることが実

証されている。つまり合併により統合された企業は，親子会社が別々に存在している状態よりも両社の株主にとって価値向上の効果がある。具体的には，① この親子会社合併によりリストラクチャーが実現するだけでなく子会社からそのもつ権利を取得することができる，② この合併は子会社に存在する少数株主を排除することになり，これが企業経営の柔軟性を高めることにより企業価値の向上ができる，③ 親会社が子会社への投資やリストラクチャーを推進しようとしても，少数株主保護の法理（親会社が子会社少数株主に対し信認義務を負う[8]）があるが故に利益相反あるいは自己取引の告発を受けかねない。これは親会社にとりコスト的に高いものにつく。このように子会社少数株主を合併により排除することは，これらの懸念からできなかった親会社による投資を促進することにより企業価値を高めることになる。

1-6 ＜C＞の完全子会社化について

これは「組織の市場化」といえる分社化の流れの逆のパターンであり，子会社は親会社の1事業部（もしくは完全子会社）になるか持株会社にぶら下がる形態となる。

ここで完全子会社化の利点は，事業の子会社間重複を避けることによる「基本戦略の統一性維持や組織間調整の容易さにあり，戦略上重要な子会社を本体へ吸収合併することにより本体によるコントロール強化を図ったもの」[9]であるが，その事例研究として主要電機メーカーのうちパナソニックと日立製作所の例から何故上場子会社が完全子会社化されるのかを検証してみよう。

〈事例研究〉　パナソニックと日立製作所による上場子会社の完全子会社化という企業行動についての分析

1995年度のパナソニックと日立製作所の上場子会社数は各々8社，25社であるが，2010年度の上場子会社数は各々皆無，19社と減少している。両社につき，完全子会社化という企業行動の動機を各種経営指標（EPS（1株当り利益）ROE（株主資本当期利益率）PER（株価収益率）当期利益）の推移から分析する。

大坪［2011］はなぜ上場子会社が完全子会社されるのかにつき5つの仮説を

提示している[10]がここでは2つの仮説について検討する。いずれの場合も，これらの仮説と整合性が見出せれば親会社企業価値へプラスの影響を及ぼすことが考えられる。

(1)「事業再編仮説」では完全子会社後に事業再編が企図されているとき，完全子会社化が実施されるとする。例えば2002年の旧松下電器産業による松下電工の完全子会社化はそれぞれが家電設備製造事業についての親子会社の重複を避ける狙いがあった。

(2)「低成長仮説」は上場子会社の成長性が低く，上場を維持するためのコストが子会社の効率的運営のインセンティブや資金調達のメリットを上回ったとき完全子会社化が実施される。

すなわち両社ともに業況の顕著な悪化，特に連結ベースの当期損失が単体の赤字を大幅に上回ったとき，つまり当期損失の連短倍率が急激に増加したときで，収益面でいわば親会社の足を引っ張ることが明らかになったとき親会社による完全子会社化が実現している。

松下電器産業（現パナソニック）の場合の2003年3月期の松下通信工業，松下寿電子，松下電送，九州松下電器，松下精工の5社ならびに2011年3月期の松下電工，三洋電機の2社の完全子会社化[11]は，何れもその前の期に連結決算が傘下グループ会社の業績不振によって急激な業績の落ち込みを示したことがきっかけになり，子会社の自律経営に委ねるよりも親会社による集権力強化を優先したものと思われる。そしてパナソニックの業況はそれ以降急回復している。

日立製作所においても同じことが言える。2011年3月期の日立プラント，日立マクセル，日立情報，日立ソフトウエア，日立システムの5社の完全子会社化がその例である。この日立の事例にかかわる詳細は，下記1-7「日立製作所の経営改革および事業構造改革の推移」にてとりまとめた。

1-7　日立製作所の経営改革および事業構造改革の推移

(1) 日立製作所の主要経営指標推移（連結ベース）

	07年度	08年度	09年度	10年度	11年度	12年度	13年度	14年度	15年度
EPS（円）	▲9.8	▲17.5	▲236.9	▲29.2	52.9	76.8	37.2	54.9	49.97
ROE（%）	NA	NA	NA	NA	17.5	21.6	9.1	11.2	8.6
PER（倍）	NA	NA	NA	NA	8.2	6.9	14.6	13.9	18.3
当期利益（億円）	▲328	▲581	▲7,873	▲1,070	2,389	3,472	1,753	2,650	2,413

(2) 当社の主な経営改革の推移＞

① ガバナンス改革

2003年6月委員会設置会社へ移行

2009年7月事業持株会社方式へ移行

　　　　10月社内カンパニー制の導入

2009年11月公募増資

2012年4月5グループ制導入

2014年4月7グループ制に変更

② 事業構造改革

2010年2月および4月，5上場子会社の完全子会社化

　　　　6月液晶パネル事業売却

　　　　6月携帯電話事業JV化

　　　　7月プラズマテレビ宮崎工場売却

2012年3月ハードディスク事業売却

　　　　8月テレビ自社生産中止

　　　　11月英国原子力会社買収

2014年3月日立メディコ完全子会社化（ヘルスケアグループ設立）

（出所）　2015年11月14日付け異文化経営学会，川村隆相談役プレゼンテーション資料。

(3) まとめ

2009年度の7,873億円の当期損失計上を契機に子会社の自律経営よりも日立本社による集権化強を優先するという方針のもと，5上場子会社の完全子会社化に踏み切った。その上場を廃止した5上場子会社は日立プラント，日立マクセル，日立情報，日立ソフトウエア，日立システムである（うち日立マクセル

は 2014 年再上場し，日立製作所の持分適用会社になっている）。

　日立製作所はグループの選択と集中を進め，事業再編をすることによりさらに収益力の向上を図り 2016 年 3 月期 6％台であった営業利益率を GE 並みの 10％にまで高める目標をたてている。そのため次の通りの事業整理を実施済みもしくは実施予定である。これはインフラや IT 機器販売を軸に保守やメンテナンス，管理やコンサルティング等のサービス事業による継続的な収入を得るというビジネスモデルに合致しない事業は日立グループから外だしするという戦略によるものである。

① 　日立国際電気（日立製作所持分 50.4％）の半導体製造装置事業の売却。
② 　日立工機（日立製作所持分 40.3％）の売脚（実施済み）。
③ 　日立キャピタルの半分を三菱 UFJ ファイナンシャルグループへ売却済み（日立製作所持分 54.8％から 33.4％へ減少）。
④ 　日立物流の 29％を SG ホールディングスに売却済み（日立製作所持分 53.2％から 30.0％へ減少）[12]。

1-8　何故企業はグループ内での合併もしくはグループ外企業の M&A による吸収合併より，むしろ子会社化を選択するのか

　企業グループのなかで親会社は＜D＞で示す経路である上場子会社の合併やグループ外の企業の M&A による買収や吸収合併より，むしろ子会社化を選択するケースが多い。そこで企業の多くはなぜ吸収合併という方法をとらず，子会社を傘下に置く方策を選ぶのだろうか。企業にとって吸収合併と子会社化のどちらを選択するかはそのおかれた環境や経営戦略によりさまざまでありその優劣を議論することはできないが，それぞれにつき法的ルールと経済的機能の両面から検討する。

1-8-1　吸収合併の場合

　吸収合併の場合，吸収合併された会社は吸収する側の会社の一事業部門となり経済的にも法的にも両社は一体となる。その法的手続きおよびその効果については，① 独禁法上，事前に合併に関する計画を公取委に届け出の必要があり届出受理日から 30 日以内は原則として合併できない，② 会社法上，当事者会社は「吸収合併契約書」を作成し，それぞれの株主に対し事前に開示のうえ

一定のルールのもと株主総会での承認を受ける必要がある，③ それぞれの会社において，合併に反対した株主の株式を公正な価格で買い取る義務を負う。また合併は株式の一部を取得しても意味がないため会社全部を取得する必要がある。もし他企業を支配することのみを目標とするなら50％以上の株式取得で足りるが，吸収合併はこのような支配株式の取得よりも費用がかかることになる（つまり資本の節約ができない），④ さらに吸収される側の会社は，合併によって法的独立性を失う。ところがこれまで独立していた会社が組織の一部（1事業部）となるので，「わが社意識」が希薄になったうえ人事面で冷遇されるケースが多く所属員のインセンティブが低下する可能性がある。

　一方，合併により被合併子会社の少数株主の消滅による企業グループ運営の自由度が増すとともに間接費用の節減等による効率性の向上が実現する。しかし合併にともなうシナジー効果によってもたらされる果実は吸収会社の株主にのみ帰属し，結果的に被吸収子会社の少数株主はその効果を享受できない。またこの吸収合併にあたり株式買取り請求権が行使される場合，裁判所がシナジーを反映した「公正な価格」をもって株式の買取価格（ただし株式の買取価格は現在の価値に限定される）を決定することが可能となったが，裁判所が適切な判断をするという保証はない[13]。

　このような企業買収によりどのように価値の創造ができるのかにつき，葉[2011]は「効率向上仮説」と「エントレンチメント仮説」を提示している[14]。

（1）効率向上仮説によると合併によって営業・業務，財務，多角化，それぞれについてのシナジーによる効率向上が図られる。その結果，効率的な経営手法の導入，製品やマーケティングによる相互補完，規模の経済，対立する利益を一致させることによる独占力の強化が実現する。

（2）エントレンチメント仮説は，エージェンシー問題からくる経営者と株主の利害の不一致から起こる経営者の利己的な行動を起因とする。すなわち経営者は社会的地位や名声・野心・報酬等の欲求を満たす目的で企業規模の拡大を図るためにフリーキャッシュフローを必ずしも企業のためにならない買収活動の資金に使う傾向がある[15]。

1-8-2　子会社化の場合

　子会社化，つまり「親会社（もしくは持株会社）の傘下に子会社としてぶら下がる」場合は手続き的にみて容易であると同時に，子会社が独立の法人格を維持することによるベネフィットもある。

　親子型企業グループを形成する為の手続きは，合併の場合よりも簡単である。すなわち他社の株式取得の決定は取締役会の権限に属するため，株主総会の決議は必要としない。そもそも他社を支配するためには会社全体（全株式）を取得する必要はなく，目標とする支配の度合いに応じて会社の持分を取得することができるため50％超の支配だけでなく40％超の支配であっても実質支配基準を満たせば会社を支配することができる。これにより資本の節約が実現するが，親会社以外に少数株主がいてもその子会社に投資する投資家が存在する限り，資金調達面でのリスクは高くはない。

　子会社が独立の法人格を維持することによるベネフィットは大きい。具体的には，① 株主の有限責任原則により，親会社は子会社の債務に責任を負わない。成功の確実性が不確実，もしくはそのリスクが高い事業を始めるとき，子会社の設立により親会社失敗のリスクを回避することができる，② 親会社はグループの内部資本市場を利用して，子会社の経営合理化を促しコストの削減を徹底できる。またグループ内で子会社製品を購入するか否かは親会社の裁量であり，子会社は市場の競争の圧力を受けることにより，自律性を求められる。逆に資本参加した会社が当初の目的を果たさないと判断したとき，親会社の資本の引き上げ（退出）は株式の売却により実現が可能である。

　また日本的経営を実現するうえでの利点がある。親会社宛部品の製造・供給基地とするため労賃の低廉な地方に生産子会社を設立し，グループ全体の労務コストを削減することが可能になる。

　さらに子会社設立により多くの取締役の地位をつくりだすことにより，年功序列のシステム維持の前提条件をつくりだすことができるとともに親会社リストラクチャーから派生する余剰人員の受け皿としての役割も見逃せない。

1-9　企業グループを1つの経営単位とすることや企業再編手法の拡大・簡素化のため，法および会計制度の改正がもたらしたもの

1990年代後半からの一連の法・会計制度の改訂には，グローバル競争に対応して制度を国際基準に会わせるという背景がある。これらの制度の改訂は，企業グループにおいても戦略的な組織変更のためのオプションを提示することになった。

それらの制度的担保につき河合［2012］[16]および大坪［2011］[17]により制度の目的別に次の通り時系列的に取りまとめた。

1-9-1　連結子会社を含めた企業集団（グループ）を1つの経営単位としてみる

1993年商法改正（現会社法847条「責任追及等の訴え」）による株主代表訴訟の簡素化により親会社が議決権を所有し支配していても，上場子会社の取締役に対しその少数株主による株主代表訴訟が訴訟手数料の軽減により容易になった。この訴訟リスク低減のため，親会社はより少数株主を考慮した経営をせざるを得なくなった。

またグループ内の監査強化のため，①1999年商法改正により，親会社監査役は子会社調査権を有することになった，②2001年商法改正では，親会社株主は子会社の株主総会議事録等経営執行関連や監査報告等の監査についての閲覧権を有すること，および親会社少数株主は子会社の会計帳簿閲覧権を有することが実現した。

1997年の持株会社解禁は親会社の傘下にぶら下げる形態で既存会社の管理や事業の分社化，新たな関係会社の設立を促す契機となった。そして親会社はこれらの傘下子会社株式保有を通じて本社として企業戦略や管理・財務等本社機能を一元的に行使することが可能になった。

2000年の企業会計規則の改訂により，連結財務諸表が有価証券報告書の中心となった。このことから親会社による子会社の連結外しが困難となり，子会社の企業業績をも注視したグループ全体の業績を考えなければならなくなった。

また2002年法人税法の改正により連結納税制度が導入されたことにより完全子会社が連結納税の対象となったため，子会社業績の変動は直接的に親会社

の税務対策に影響を及ぼすことになった

2005年新会社法により，親会社による子会社の支配を「実質支配基準」とすることおよび内部統制システムの構築・運用義務を企業グループにまで拡大することが規定された。

1-9-2 企業再編手法の拡大・簡素化

1999年の株式交換・移転制度は商法改正（現会社法767条「株式交換契約の締結」および772条「株式移転計画の作成」）によるものであり，親会社は現金を用いずに100％の株式所有にもとづく親子会社関係を構築することができる。これにより「選択と集中」のスローガンのもと，経営資源の集約や企業戦略の一貫性を追求するにあたって障害となった場合，少数株主の締出しのため現金の出費なしで親会社による子会社の完全子会社化が実現可能となった

2000年会社分割（新設・吸収）制度は商法改正（現会社法762条「新設分割計画の作成」および757条「吸収分割契約の締結」）により規定され，これにより会社の一部または全部を他の会社へ包括的に継承することが可能になった。

2　親子上場の現状

わが国のグループ経営のさまざまな形態のなかで，その1つの有力な形態である親子上場は，① 上場にともない子会社経営者に強い裁量権限が与えられること，さらに ② 上場により当該子会社は親会社および市場による二重のモニタリングに晒されること，③ 親会社にとってはキャピタルゲインを得られることも含む資金調達の方法としてもその意義がある[18]。

その一方で親子上場は，負の側面としてその構造上子会社少数株主への利益相反問題を内包しており，これをめぐって子会社上場の是非につき長年論争が続いてきた。

2-1 親子上場にみる2つの特徴

親子上場は企業グループ組成の選択肢のひとつとして広範に普及している

が,そこには2つの特徴がある。1つ目に親会社の傘下に少数株主がいる子会社が存在し,かつその過半数未満の少数株式が株式市場で取引され株価が形成されている。そして親会社の利益のために少数株主が搾取される危険を内包している,という株主間利害対立の構造がある。2つ目にわが国において親子上場を実施している親会社は,ほとんどのケースで株式所有が分散したバーリー・ミーンズ的な経営者支配企業である。この2つ目の特徴は,創業家支配の非上場会社が上場会社を支配に置くというストック・ピラミッド[19]といわれるものと対比することができる。これらは何れも株式所有を通じたグループの階層的支配という点で共通している。しかしストック・ピラミッドが最終的に創業家支配に行き着いたうえそれらは私的利益を追求するインセンティブがあるのに対し,経営者支配企業の株主は分散していることからグループ全体の利益・財産を自己に移転する権利や手段を有するものが存在しないため,私的利益追求の対象とはなりえない[20]。

　ここで親子上場につき各国の実情をみると,必ずしも日本特有の企業行動とはいえない。米国および英国ではスピンオフの前段階としての子会社上場は一般的であるが,継続的な子会社上場はまれである。しかし欧州大陸各国では支配株主を有する上場子会社が過半数を占める。そして証券取引所が親子上場を制限している例は国際的にみて皆無である[21]。

　企業グループの形成要因の1つは,組織の肥大化・複雑化に伴い組織内部のコーディネーションコストを削減するための経営機能集団を細分化する試みである。この細分化の段階には,①前記図2-1に記した＜A＞の「法人格を分けずに事業部制ないしカンパニー制の採用」,②図2-1に記した＜C＞「事業部制ないしカンパニー制の一部を完全子会社化して独立した法人格を与える」,③図2-1に記した＜C＞の延長線上にある「完全子会社の一部をスピンオフし,親会社から完全に独立させる」等のさまざまな形態の変更がある。親子上場はこの②の完全子会社から最低限親会社が50％の支配株式をもつ段階から③の完全子会社の一部(50％)をスピンオフするが親会社からの完全な独立ではない,という意味で②と③の中間に位置するものである[22]。

2-2 親子上場のプラス面およびマイナス面にいての検討
2-2-1 親子上場のプラス面について[23]

(1) 子会社上場は，あらたな投資対象が市場に提供されることから国民経済的な意義がある[24]。これは市場における新規投資対象の拡大という意味で株式新規公開（IPO）と同様の効果である。上場によって生まれる株価は子会社価値の顕在化であり，子会社株の公開によって親会社にキャピタルゲインがもたらされる可能性がある。これを投資家の立場からみると，株式の過半を占める親会社が容易に子会社を破綻させることはないであろうという意味で信用補完が期待できることや，親会社の信用力による保証効果によって新規公開時における情報の非対称性が緩和される[25]可能性がある。

(2) 親会社からスピンオフして完全な独立会社となるのではなく，親会社が上場子会社の支配株主を維持することは経営権の維持による子会社への指揮権の行使が依然として可能になり，グループ全体のシナジーによる利益を図ることができる。この親会社が一定以上の持株保有（多くは50％以上）することは所有権理論で言う「契約の不完備性に伴うコスト」および取引費用理論で言う「取引先の機会主義的行動」を抑止することにつながる。もし完全な独立会社であれば，取引先との間で契約を締結し，契約の履行を監視し，取引の結果につき評価する等の取引コストがかかるが，親会社が子会社を支配している限り子会社と取引先との契約は親会社のものを踏襲すれば足りるわけであり取引コストを抑止することは可能である。また他の取引先が子会社に対して不当な要求をのまそうとしても，親会社の存在がそれを抑止する威嚇となることはありえる。

また親子間取引により子会社の経営が安定するだけでなく，例えば親会社がブランド価値のような高いレピュテーションをもつ場合，子会社はそのブランドの共有により製品・サービスに高い競争力をもたせることが可能になる。

(3) 親会社以外の株主，すなわちあらたに少数株主が生まれることで子会社経営者に対する権限委譲を明確にコミットさせることができると同時に，当該経営者に上場という社会的地位の向上によるインセンティブを付与することができる。特に米国と比較して上場企業のステータスが高く認知されているわが国においては，インセンティブ付与の効果は高い。

(4) 子会社のコーポレート・ガバナンスの観点から，内部情報を有する親会社のモニタリングの対象である子会社経営者への規律と市場のモニタリング[26]の相乗効果を期待することができる。これによりモニタリングに要する社会的コストを低減することができる。

(5) 子会社による資金調達の独自性がうまれる。親子会社間で成長分野につきフォーカスする方向性が異なることがありうる。そこでもし子会社が有望なビジネスチャンスを発掘した場合，子会社自ら投資の意思決定権をもちかつ資金調達の自由度があることにより，株主価値最大化に向け成長分野に経営資源を投入することが可能になる。

2-2-2 親子上場のマイナス面について[27]

(1) 親会社と子会社の少数株主との間に潜在的な利害対立関係があり，親会社は子会社に対する支配権を行使して，少数株主から親会社へと利益を移転させることが可能である。そして子会社の少数株主は親会社に搾取される危険があり，そのような搾取可能な構造を容認していること自体が株式市場に対する投資家の信任を低下させる。具体的には次の2点が指摘される。1つ目として，① 親子会社間の利益相反取引において，親会社が子会社に不利な条件を押し付けることによって子会社の利益を吸い上げる危険がある。現行会社法上も子会社の取締役は「通例的でない取引」につき忠実義務違反と判断されれば会社に対する損害賠償義務を負うことになる。しかしこの「通例的でない取引」か否かの適用についての判断は容易ではない。たとえ子会社が通例でない取引があったと主張してもその証拠となるものは親会社により所有されるのが一般的であり，もし親会社がその主張を否認した場合には議論の対象にさえならない。それ以上に困難なのは，そもそも子会社取締役が親会社に対して親子間の人事面での力関係からこのような主張ができるかという点にあり，子会社取締役による問題提起は困難であろう。この問題を克服するためには例えば監査役の権限を高めるとか，少数株主から親会社の子会社に対する忠実義務違反を提訴できる法的ルールの改訂が考えられる。

2つ目として親会社が企業グループ全体の利益を優先することにより，子会社の事業機会の奪取ないし機会損失が生じる可能性がある。すなわち子会社が得意としているビジネスを親会社が取得した場合は事業機会の奪取であり，本

来子会社が利益を上げる機会を失うことになるため上場株式に投資している少数株主にとっては利益の侵害となる。

(2) 株主間の意見調整負担が大きいため，企業グループとしての意思決定の遅れにつながることがある。これについては企業価値増大を指向するのなら，多数株主（親会社）の機動的経営を促進する方が得策であり，必ずしも少数株主の意見を斟酌する必要はないという考え方もありうる[28]。

(3) 親会社の短期的な決算対策としての上場や上場後短期間で非公開化する[29]等，子会社の少数株主の権利や利益を損なう企業行動がとられることがある。

2-3 親子上場につき企業経営者が過去に如何なる行動を取ってきたのか

親子上場の是非を考えるにあたっては，企業経営者が過去に如何なる行動を取ってきたのかの検証が必要になる[30]。

このようなわが国における親子上場が経営環境の変化に対応してどう推移してきたかを検証することは，企業グループ内での組織変更の態様を究明するひとつの方法となる。その検証のために1985年度から2005年度の20年間にわたる5年ごとの上場子会社数の変化をトレースしたのが表2-2である。

表2-2 1985年度から2005年度までの親子関係からみた上場関係会社の変化　　（単位：社数）

	1985-90	1990-95	95-2000	2000-05
①同一の親会社のもとで上場関係会社として存続	361	476	531	434
（うち同一の親会社のもとで子会社として存続）	(93)	(136)	(169)	(161)
（うち同一の親会社のもとで関連会社として存続）	(255)	(325)	(311)	(224)
親会社変更しつつも上場関係会社で存続	7	16	26	72
（うち親会社変更しつつも子会社として存続）	(1)	(1)	(2)	(20)
（うち親会社変更しつつも関連会社として存続）	(5)	(15)	(17)	(31)
親会社との関係消滅，その後再上場	0	0	0	0
その他（上場独立企業化，非上場化，M&Aにより消滅）	45	49	112	273
（②うち上場独立企業化）	(38)	(38)	(71)	(111)
（③うち完全子会社化，M&Aにより非上場化・消滅）	(7)	(11)	(41)	(167)
合計	413	541	669	784

（出所）　大坪［2011］38-39ページ。なお内容を一部省略している（内数の合計は元々の数字と一致していない項目がある）。またここでは全ての年度を形式基準とし，親会社持株比率が50％超を子会社，20％超50％以下を関連会社としている。

これによると表 2-2 の ①「同一の親会社のもとで子会社として存続」でみると日本企業が本格的に組織再編に取り組むことになった 2000 年まで，親会社は子会社・関係会社の上場社数を増加もしくは維持してきた。しかし 2000 年からは上場子会社の減少および ② の独立企業化，ならびに ③ の非上場化・M&A による非上場化社数の増加がみられる。これにつき大坪［2011］は 2000 年から 2005 年の関係会社の減少はバブル経済後の不況による企業業績低迷に対応して親会社収益増を図ること，および「選択と集中」のための非中核業務の切り離しのため関係会社株を売却したことをその要因としてあげている。また完全子会社化による非上場化社数の増加は親会社主導による一貫した企業戦略の推進にあたりその隘路になる少数株主の排除のため組織再編が急激に増加したことを示している[31]。

2-4　上場子会社を完全子会社化する動きの背景

子会社上場廃止に至る親会社の動機としては，① グループ戦略の共有といった「親会社の企業価値向上に前向きな戦略」のほか，②「赤字子会社の救済といった後ろ向きの目的（親会社にレピュテーションリスクが及ぶことを回避する）[32]」，③「子会社の不祥事発覚[33] による企業統治強化の目的」がある。さらに少数株主との意見調整に失敗して支配株主中心の戦略経営ができないことによる非効率が明らかになったとき，もし少数株主を保護しないことがグループ運営の効率性に合致すると判断してもこの選択は現行の少数株主保護規定に抵触する限り不可能である。この場合は完全子会社化を図るしかない。

次に親子上場社数の推移を表 2-3 と表 2-4 で明らかにする。

表 2-3　親子上場会社数の推移（除，金融事業法人）

	親子上場会社数（A）	（参考：東証上場会社数）（B）	（A）／（B）％
2007 年 3 月末現在	417	（2006 年 12 月末現在 2,414）	17.2
2008 年 3 月末現在	412	（2007 年 12 月末現在 2,389）	17.2
2009 年 3 月末現在	398	（2008 年 12 月末現在 2,334）	17.0

（出所）野村證券金融経済研究所，2010 年 1 月 7 日[34] および 2010 年 3 月 29 日付日本経済新聞記事。東証上場企業数は東証 HP による。うち 2008 年度の上場企業社数純減 14 社は新規上場 31 社，上場廃止 45 社の結果であり，さらにその上場廃止 45 社の内訳は子会社でなくなったケース 12 社，完全子会社化 31 社，その他 2 社である。

表2-4 親子上場会社数 2010年9月10日および2014年7月14日現在（含，金融事業法人）

	親子上場会社数（A）	（参考：東証上場会社数）（B）	（A）／（B）％
2010年9月10日現在	265	2,294	11.6%
2014年7月14日現在	389	3,414[35]	11.4%

（出所）　東京証券取引所「東証上場会社　コーポレート・ガバナンス白書2011, 2015」。
　　　　http://www.jpx.co.jp/news/1020/nlsgeu000000tyb5-att/white-paper15.pdf

　この表2-3と表2-4は，算出基準が異なっているため単純な比較はできないが，注目すべきは2007年から2009年の3年間および2010年から2014年の4年間で全上場企業に占める親子上場数の比率がほとんど変わっていないことにある。つまり新規子会社上場がある一方，ほぼ同数の上場子会社の廃止がみられることになる。

2-5　「親子上場」とそれに関連する利益相反の問題点について

　まず親子上場の肯定的側面としては上場で子会社の独自性を維持したり，従業員の士気を高めたりする効果はある[36]。しかし連結業績への寄与の面では完全子会社でなければ，子会社利益が少数株主利益として社外流出するため不利になる。一方，上場子会社の少数株主にとっては議決権が事実上制限されるというデメリットがある。

　親会社と上場子会社少数株主の間で利益相反があり，かつ財務的に劣悪な子会社上場による親会社による少数株主からの搾取の疑いがある事例がないわけではない。例えばNECの上場子会社NECシステムテクノロジーによる上場後短期（2年間）で親会社が完全子会社化して上場廃止した次の通りのケースがある。

　2003年9月NECの子会社であるNECシステムテクノロジーを株式公開したがその売り出し価格は¥3,780であり初値は¥7,100/株であった。

　2005年5月NECによりTOBおよび株式交換によりNECシステムテクノロジーが完全子会社化される。その時の株価は¥3,880/株なので株価だけをみると上場期間中の株価リターンはマイナス45％となり株主に損失をもたらしたことになる。

　しかしNECはこの事案で利益を得ておらず搾取的な取引とは評価されてい

ない。すなわち 2003 年 9 月の公開価格は ¥3,780 である一方，TOB 価格は ¥4,200/株であった。また NEC システムテクノロジーと NEC の株式交換比率は 1 対 6.75 であったことから決議時点での NEC 株価 ¥670/株で計算すれば NEC システムテクノロジー株は 6.75 × ¥670/株 = ¥4,523/株で評価されていたことになる。したがって TOB 価格（¥4,200/株）はいずれも公開価格を上回っているため株主に実質的な損失をもたらしていない。

これにより親会社 NEC は株主からの搾取によって自社による自己の利益を上げることを目的にこの行動を起こしているわけではない，という評価になる[37]。

さらに子会社上場が株主価値毀損の企業行動とみなされる例として，表 2-5 の通りの NTT（親会社）と NTT ドコモ（子会社）の株価（時価総額）の比較から，子会社を上場すると投資家から子会社が税引き後で評価されることによって株主価値を毀損させるという主張がある。

1999 年の NTT ドコモの上場後，2001 年末時点において「NTT のドコモ持分以外の分（33％相当分）」がマイナス評価（▲2.4 兆円）になっている。つまり NTT の NTT ドコモ持分の価値を投資家または市場は税引き後で評価していたことになる。すなわち市場で NTT が NTT ドコモ株式の価値を実現するためには売却しかなく，その際にはキャピタルゲイン課税がかかる。よって税率 42％ と仮定すれば NTT のドコモ持分 67％分は 8.5 兆円（③）になり

表 2-5 NTT と NTT ドコモの株価（時価総額）の比較

(単位：兆円)

	上場時（1999 年）	2001 年末時点	2016 年 8 月末時点
NTT（親会社） （税率 42％ と仮定する）	15.9 ①	21.2 × 0.58 = 12.3 ①　課税後	9.8 × 0.58 = 5.7 ① 課税後
NTT ドコモ（子会社）	8.9	22.0	10.7
NTT のドコモ持分（67％）	8.9 × 0.67 = 6.0 ②	22.0 × 0.67 = 14.7 ② × 0.58 = 8.5 ③　課税後	10.7 × 0.67 = 7.2 ② × 0.58 = 4.2 ③ 課税後
NTT のドコモ持分以外の分 (33％)	①-② = 9.9	①-② = ▲2.4 ① -③ = 3.8　課税後	①-② = ▲1.5 ①-③ = 1.5　課税後

(出所) 落合［2006］79-81 ページの趣旨に基づき作成。また近時の状況をみるため 2016 年 8 月末時点の時価総額も表示している[38]。

NTT の残りの価値は NTT 持分以外の分 33％の 3.8 兆円（①－③）となる。つまり「資本市場はドコモが NTT の 1 事業部あるいは完全子会社であれば連結ベースで評価するが，たとえ会計上は連結決算対象であっても子会社化して上場すれば株式という資産として評価するので税引き後の評価になってしまう」。したがって「カーブアウトした結果，子会社が税引き後で評価されるとするならば，利益相反と相まってこれは明らかに株主価値を破壊・減少させる再編戦略である」[39]として子会社上場は投資家にとってはデメリットの多い再編形態とみなしている。そのことが近時完全子会社化する動きの理由の 1 つとなっていることの例としてこれを取り上げる。

2-6 少数株主保護の問題解決のための 1 つの方策としての米国方式について

親会社は企業グループ成果の最適化を目的として意思決定し行動するが，実質支配[40]している子会社に存在している少数株主に対しても同じ目的による行動を求めることになる。これに対して当該少数株主にとって，最適な意思決定と行動は親会社が求めるものとは異なる場合がある[41]。このような親子上場に派生して起こるさまざまな少数株主保護の問題につきその解決のための 1 つの方策として，米国方式の完全子会社化または子会社売却や株主へのスピンオフがある。次節でその米国方式につき議論する。

3 米国における子会社上場の態様にはどのようなものがあるのか

3-1 米国おける事業部門の分社化の形態

米国において分社化後の子会社株式の一部を上場することはエクイティーカーブアウト（equity-carve-out）と呼ばれ，上場株式は既存株主に配分されず新規公開される（1990 年代の新規公開の 10％以上がこの形態であった）。このとき親会社は子会社の過半数（多くは配当税制の制約から 80％）の支配権を保持するのが一般的である。

そして米国でエクイティーカーブアウトは稀なイベントとみられているがそれは，次のような 3 つの要因からきている。

(1) もともと米国企業の分権化（権限移譲）は事業部においても確立しており 1 つの会社組織と何ら変わらない形態となっていることから，事業部の売却（もしくは他の企業からの買収）は事業部のまま実施することが可能である。

(2) もし傘下の完全子会社が高株価を実現できるような優良企業であるなら親会社は高配当の受取りが期待できるうえ，この優良子会社があるが故に親会社の株価にプラスの働きをすることが見越せる。そうであるならば，親会社株主は株価上昇につながる優良子会社を外だしすることを前提にするエクイティーカーブアウトに賛成するメリットはない。

(3) 親会社が子会社のエクイティーカーブアウトに踏み切る動機は，例えば親会社の財務改善のため上場に伴うキャピタルゲインを獲得するとか，コア事業でなくなった子会社を高値でスピンオフや売却するために上場して市場の反応を見極めるためにある。したがってこれはあくまで短期の企業行動とみられている[42]。

3-2　分社化をめぐる日米企業行動の違いと親子会社間の利害の不一致問題について[43]

米国には日本方式の分社化という企業行動はない。米国において日本の分社化に最も近い方式はスピンオフ（spin-off）であるが，その場合本社が事業部門を別会社として分離し，その株式を自社の株主に持株比率に応じて無償割当てされ，当該新会社は完全に独立企業となる。親会社は新会社の株主にはならないため新会社はグループから離脱する[44]。

日本と米国において，複数事業間でのシナジー効果を発揮することにより企業グループ価値を高めるための分権化による経営の効率化という指向に変わりはない。しかしその方法論に大きな違いがある。すなわち米国においては，親会社と分権後の組織との資本関係は，① 100％持分の事業部として取り込む，② スピンオフまたは第三者への売却により資本関係をなくする，という両極端の選択が一般的である。米国では権限移譲により経営を任せられた事業部長のパフォーマンスは事業部の財務諸表から判断されるので，親会社は唯一の所有者であることからその成果次第によって例えば親会社からの切り離し（売却）という企業行動が可能となる。

ところが日本においては，分権化を目的に子会社化しても，親会社が過半数以上の所有権を保持することにより親子会社間の資本関係を維持するのが一般的である。そのため分権化にともなって親子会社間の利害の不一致の問題が顕在化する。

この日本型親子会社関係には2つの問題点がある。1つ目は子会社の経営者が自社の運営につき株主に対する忠実義務を課されているにもかかわらず，親会社からの指揮権にもとづく指図に対し簡単に拒否できないという構造になっていることである。ここから親会社利益優先からくる子会社への搾取の可能性がでてくる。これは親子会社間の利害の不一致問題である。2つ目は親会社が過半数の所有権を握っていても残りは少数株主の所有となることから，少数株主の意向を無視できないことにある。この少数株主の存在は資本の節約および資本市場からの資金調達の側面から有効なものであるが，子会社の経営方針につき両者に意見の相違があった場合は円滑な運営への足枷となりかねない。

米国においては親子上場が短期を前提としているためたとえ利害の不一致問題があったにしても構造的な問題とはなっていない。一方わが国における子会社上場は，通常の上場と同じステータスにあり出口に向けての方向性が明らかになっているわけではないため，利害の不一致問題は構造的な問題となっている。このことからその構造の解明および解決策をどう提示するかが必要になってくる。

3-3　何故米国において子会社上場が親会社の経営効率の向上に寄与するのか

それでは何故米国において子会社上場（この場合はエクイティーカーブアウトのことを指す）が親会社の経営効率の向上に寄与するのか，という問題に関する先行研究における「子会社上場時の株式市場の反応として，何れもプラスの反応を示している事例」に焦点を当てる。

Vijh［1999］によると子会社上場後の一括売却などのセカンドイベントを株式市場が一連のリストラとして評価しているとする。これによると1981-1995年にカーブアウトされた628社の，実施後3年間の株式市場のパフォーマンスを調査した結果はベンチマークと比較して良好であり，その評価はIPOのパフォーマンスと比較すると際立って良好である。このような結果はカーブ

アウト後,親会社および子会社による事業分野の集中ならびに親会社が子会社をモニターする立場を維持することによってもたれされた[45]。

また Vijh [2002] は子会社上場後に生じるセカンドイベントに焦点を当てた実証研究（1980-1997年間のサンプル 336 社を対象）を行い,そのイベントとしては,① スピンオフ 13％,② 売却 22％,③ 親会社による完全子会社化 8％（残り 57％はイベント無し）がある。そしてカーブアウトは「非関連事業の分離,スピンオフや売却が実行されること,ニューマネーが入手できることおよび株式所有関係の複雑さを軽減できること」により価値を創造するという結論を導きだしている[46]。

この子会社上場後のセカンドイベントとしてのスピンオフにつき,スピンオフ[47]の資本市場からのモニタリングの側面から分析したのが Aron [1991] である。

これによると企業の組織再編政策が存在すること自体が,マネージャー（経営者）に対するインセンティブ契約に代替してインセンティブを与える。たとえスピンオフが稀なイベントであっても,将来スピンオフが起こる可能性のあること自体が経営者に対し資本市場からモニターされ評価されることにつながる。

スピンオフの事例はセル・オフ（sell-off）のケースに比べると多くないが,資産譲渡をもたらす方式としては稀なイベントではない。そして先行研究は,スピンオフのアナウンスは当該企業の株価にプラスの反応を示すこと,またこのアナウンス前の企業の 5 年間の成長率をみると経営者の経営失敗を緩和する（失敗を顕在化しない）方法としてスピンオフが実施されている。つまり株主からの成長要求に対してその成果が充分でない場合,ある部門をスピンオフした新会社設立によって株主の要求を満足させることができる。

さらに Aron [1991] は,① スピンオフの可能性は企業の事業部の数に比例して増加するものではない（事業部の数の多さに影響されるものではない）,② 環境が激変する市場を対象としている企業は,スピンオフをする傾向にある,③ スピンオフ後の新会社による投資はそのスピンオフ前に比し大きい,④ スピンオフは,収益性が高まる業界へ変化しているときには盛んになる傾向がある,⑤ スピンオフそのものは効率的な行動であるが,スピンオフした

後の事業を再取得するのも効率的であるし，株価にプラスの反応を示す可能性が高いと指摘している[48]。

わが国においてのスピンオフ活動の例としては，① 不採算部門と成長部門を抱える企業が成長分野を分離し新会社にしてさらなる成長を志向する場合，② メーカーが製造に特化するため，販売部門を分割して他社と合弁で販売会社を新設するケースがある。そのうち既存の企業に承継させる吸収分割の例としては，2003 年「松下電工およびクボタの屋根材の販売部門を，松下電工外装（松下電工の完全子会社）を承継会社とする吸収分割により松下電工およびクボタへ各々 50％の株式を交付した」[49] がある。

3-4　オプション仮説

これまでの議論に加えて，米国でエクイティーカーブアウトが用いられる理由として，「親会社は上場子会社をスピンオフするか完全子会社化するかのオプションの価値を享受できる」というオプション仮説[50]がある。

Perotti and Rossetto［2007］のオプション仮説によると，① 1990 年代の新規株式公開（IPO）の 10％はエクイティーカーブアウトによるものであり，特に 1993 年までの 6 つの大型 IPO のうち 5 つはカーブアウトで占められている。これは不確実性が高い，売上げ成長率が高い，そして R&D やマーケティング投資が旺盛な業界で一般的にみられる。カーブアウトする企業は大企業でありカーブアウトされる企業はその一部を担っている子会社（ほとんどは完全子会社）であるが，当該子会社は高い PER（株価収益率）で示される高い潜在的成長力がありかつ親会社に比較すると高い R&D 投資の先が多い。つまり成長性の高い子会社が対象になる。カーブアウトはあくまで一時的なアレンジであり，通常は売却，スピンオフまたは親会社による買戻しにより上場が数年で解消する。ここでカーブアウトの具体的な意義につき次の通り (1) から (3) にて説明する。

(1) 何故カーブアウトをするのかについては，事業の中核分野をシフトする，子会社に対する支配を強める，もしくは証券市場にその企業活動への関心を高めさせる等のいずれかの理由がある。

(2) それでは企業がいずれは解消することになるコストのかかる上場を何故

するのかという問いに対しては，親会社にとってをカーブアウトするということはそれを独立した主体としてその価値を市場からの情報を収集するための戦略的オプションと解釈することが可能である。カーブアウトは企業統合をすることによるベネフィットを喪失するが，逆に企業統合によって親会社の資金配分プロセスにおいておのおのの経営者が企業全体では利益にならないにもかかわらず自らには利益となる行動をすることにより非効率を招く。しかし親会社は子会社株式の上場により企業の統合と比較したスピンオフの価値につき市場から学習することができる。

(3) カーブアウトにより誰が企業所有をすることが最適かにつき市場から価値のある情報を収集することができるので，この市場情報によって売却するかもしくはその支配権を取り戻すかというオプションを行使する助けになる。これによって支配権をもっている親会社は子会社を売却のための売る権利（プット）または買戻しのための買う権利（コール）を実施する機会を探ることになる。

ここでカーブアウトを実行する最適なタイミングおよび売却や買戻しのオプションの行使のタイミングは，親子会社間のシナジーについて不確実性やより的確な情報を集約できる資本市場の能力に依存することになる。この確認のためには親会社は売却もしくは買戻しの前に子会社を長く所有することになるが，これにより資本市場からの情報のノイズは低下するので，子会社をどう処理するかということや充分な情報を得た後の意思決定の価値は高くなる。

このオプション仮説で説明されているのは，株式市場による合理的な判断つまり効率的な市場があることを前提に「親会社は上場子会社を完全子会社化するかスピンオフするかのオプション価格を享受できる」そして「米国的観点からすると上場子会社は過渡的な状態である」ことにある。

翻ってわが国の状況にこのオプション仮説を当てはめると，日本の親会社は何故そのような過渡的な状態を意図的に維持するのかという問題になる。このオプション仮説によれば，親会社はオプション行使のタイミングを先延ばしすることによりオプション価値を高めていると評価できる。したがって上場子会社を長期安定的に維持することは経済合理性に適っている。それでは何故米国の親会社がこのような方向でオプション価値の最大化を図らないのだろうか。

それには次のような，日米の構造的要因の相違が影響している[51]。

① 法制的要因，すなわち法的コストの差である。わが国にはない支配株主の子会社少数株主に対する忠実義務（米国では信認義務（Fiduciary Duty））およびクラスアクション[52]の存在により，米国で上場子会社を長期に維持する訴訟リスクは高い。

② 日本では米国に比し上場会社のステータスが高く上場すること自体に価値がある。

③ 日米で産業構造に違いがある。すなわち擦り合わせ型製造業を営む企業グループにおいてシナジー効果が要求されるが，契約の不完備性による事後の機会主義であるホールドアップ問題を起こさない手段として親子上場には合理性がある。つまり親子会社間に資本関係があることによって，事後の機会主義を排除するシステムが構築できる。

④ 労働市場的要因として外部労働市場が発達していないわが国において，内部労働市場を利用した子会社の人材確保の側面から親子上場の必要性は認められる。

⑤ 租税法の日米の差がオプション価値の最大化を図るか否かの決定要因となっている。わが国において上場子会社を完全子会社化する場合は適格組織再編に当たり課税繰り延べが認められるが，スピンオフの場合はそれが認められない（米国では完全子会社化およびスピンオフの場合ともに課税繰り延べが認められる）。

4　親子型企業グループにおける経済的機能の分析

それでは何故このような企業グループが形成されるのだろうか。またその理論的根拠はどこにあるのだろうか。そしてその経済合理性はどこに見出すことができるのだろうか。これにつきまず理論的根拠につき検証し，その後そのもつ経済合理性につき検討する。

4-1 企業グループ形成の理論的根拠について

企業グループ形成の方法には，① 企業の事業部を分社化する，② M&Aにより買収した企業を独立したまま買収企業（親会社）の傘下に置く，③ 持株会社の傘下に各企業をぶら下げる等のさまざまな形態があるが，ここでの論点はこのような上記①②③で例示した形態と，もとのままの状態つまり会社の1事業部のままでいる状態とに如何なる差異があるのかということにある。

より具体的には，① 事業部として組織内部にあった場合と比べて，分社化によって何が変わるのか（形式的に別会社となっても事業部のままでいるのと経済的機能に変わりがないのではないか），② 事業部制をとっている企業が持株会社に移行するのは，何らかの動機やメリットがあるからそうすると考えられるがそれは何か，という点にある。これは「企業の境界」をどう考えるかの問題でもある。例えばアセンブラーと部品メーカーが垂直統合したときこれは企業の境界の拡張を意味するが，逆に分社化は企業の境界を縮小することになる。すなわち2つの企業があるとき，① それらの企業がそれぞれ独立した企業として契約ベースで市場を通した取引をする，または② 合併して1つの企業となって内部取引を行うことになるが，これらにはどれほどの差異があるのか[53]という問題である。

この論点につき Hart [1995] 訳書 [2010] ならびに伊藤・林田 [1996] 伊藤編[54]においては既存の理論である「新古典派理論」「エージェンシー理論」「取引費用理論」はともに下記の通り企業の境界を分析する枠組としては不充分であるとする。

4-1-1 「新古典派理論」

新古典派理論においては，① 完全競争の市場で単一生産物を産出する企業がある，② 生産関数によって特定された企業は1人の経営者によって運営される，という前提をもとに企業の最適生産水準がどう変化するかをみるためには，図2-2「利潤最大化と供給曲線」によることになる。

図 2-2　利潤最大化と供給曲線

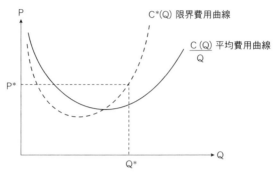

（出所）　Hart［1995］訳書［2010］21-22 ページ。

ここで：P= 価格

　　　　p* = 市場価格

　　　　Q = 目標産出水準

　　　　Q* = 利潤最大化の産出量水準

　　　　C = 生産コスト

　　　　C* = 限界生産コスト

　経営者は市場価格が p* のもとで p*Q − C（Q）（利潤）を最大化する産出量を決定するが，その時点は「生産物の価格＝限界費用」が満たされる生産量 Q* になる。この理論により右肩下がりの平均費用曲線は単位当たり費用の減少（規模の経済）を表すが，それがある一定値を超えると経営者の負担に限界があることからそれ以上に規模を拡大することが困難になり生産性が低下する。これにより平均費用曲線は右肩上がり（規模の不経済）となる。つまり企業規模の決定要因として規模の経済もしくは規模の不経済の面が強調されている。

　しかしこの理論では，1つ目に企業は完全に効率的に運営された「ブラックボックス」として扱われ，企業内で発生するインセンティブ問題が無視されている。2つ目に企業の内部組織すなわち企業内の階層的構造につき何も触れていない。3つ目にこの理論は企業の境界につき明確な議論をしていない。すなわち仮に完全競争下で2つの企業がそれぞれ同じ生産関数および費用関数のも

とで操業し同じ市場価格 p^* で市場に供給したうえ均衡点でそれぞれ Q^* だけ生産すると予測する。そうすると2つの企業がそれぞれ Q^* だけ生産して総額 $2Q^*$ とするのと，1つの企業で2つの事業部がそれぞれ Q^* だけ生産して総額 $2Q^*$ とするという両方のモデルを適用できることになり，「内製か外部からの購入か」というような企業の境界を議論する余地がなくなる[55]。

4-1-2 「エージェンシー理論」

「エージェンシー理論」においては新古典派理論の企業内部のブラックボックスを解明するために企業をタテの取引関係，つまり企業内部では階層社会という権限関係が存在し権限による決定が行われるとみなす。そして市場での取引は，上下関係のない対等な主体間のヨコの取引関係とされる。

ここでは新古典派理論で無視されたインセンティブ問題に焦点を当てたうえ，プリンシパルとエージェント間の情報の非対称性および観察可能性が深刻な問題となるような状態すなわちモラルハザード問題を取り上げる。例えばメーカーとサプライヤー間で生産に対する意思決定は，所有者（プリンシパルである株主）とは異なる目的をもつ経営者（エージェント）の行動によっては，プリンシパルの効用を最大化するような生産計画を必ずしも選択するとは限らない。そのためプリンシパル（株主）はエージェント（経営者）に対して自己の目的と一致させるため，エージェントへの報酬や昇進体系というようなインセンティブを用意する。このようにエージェンシー理論はヒエラルキーとしての企業組織の機能を分析する有効な枠組みを用意する。

ふたたびメーカーとサプライヤー関係をみたとき，メーカーがサプライヤーを統合することによってモニタリングが容易になりエージェントのパフォーマンスを正確に測定することが可能になる[56]。この統合することによって企業内部で情報の非対称性の問題が緩和されモニタリングが容易になることから企業の境界を広げる便益がある，という考え方がある。これに対し，Hart [1995] 訳書 [2010] は次の点につき明確な回答を与えていないとする。

すなわち，①何故従業員を監視する方が企業外部の独立した契約相手を監視するより易しいかについて説明していない，②統合した状態の方が費用・利益の分配を容易にできる。すなわちメーカーとサプライヤーが同じ企業内にあればメーカーはサプライヤーが費消したコストについて補償することができ

るが,これが2つの企業に分かれていれば費用・利益の分配は容易でない,という議論がある。これにつき何故同じ企業内にあれば費用・利益の分配が可能になり,2つの独立した企業間では可能でないのかの説明ができていない[57]。

4-1-3「取引費用理論」

「取引費用理論」によって企業の境界の説明ができるかどうかにつき,まず統合されていない,つまり「企業の境界」に変化がない2つの企業にかかわる費用について検討する。

「エージェンシー理論」ではすべての契約費用は取引上何らかのコンフリクトが起こった時点で発生するが,取引の双方がその相違点を観察できれば後は費用ゼロで「完備契約[58]」ができると仮定している。しかし現実には契約が完備であることはなく,契約は見直され再交渉の対象となる。ここで,契約が見直され再交渉の対象となる事象は次の3つの要因によって生じる。すなわち,① 複雑で予測ができにくい状況においては,将来のことを予見し起こりうるすべてにつき計画を立てるのは困難である,② たとえ個別の計画が立ったとしても,当事者がそのような計画の詳細につき交渉することは難しい,③ もし上記①および②ができたとしても計画を適切に記述し,もし争いになった場合に裁判所がその問題を正しく理解し強制執行ができるような形にしておくことは難しい。

これらの①②③のような契約費用が存在するが故に,当事者は不完備なままの契約を結ぶことになる。すなわち契約には適切に言及されない条項や,欠落した条項が残ることになる[59]。

ここでは上記で議論した「不完備契約」の理解のため,次のGM(自動車メーカー)とフィシャー・ボディ(車体の納入業者,以下フィシャー)の事例[60]を検証することとしたい。

(1) 事業環境がほとんど変化しない場合には,GMとフィシャー間ではフィシャーが供給する車体の数量,品質,価格を特定した長期契約を容易に作成できる。

(2) ここでもし事業環境が変化する場合には,車体の取引数量,価格,型式等につき最適な取引条件はさまざまな要因で決まる。例えばGM車への需要,フィシャーの費用水準,競争相手の動向,大気汚染規制,技術革新の程度等

の外的要因について，取引数量や品質・価格について条件を付けた契約を作成しようとしてもコストがかかりすぎて不可能であろう。このような変数は特定が難しく，たとえ観察可能であったにしても曖昧さを排除した形で事前に特定することはできない。つまり不完備契約のままになる。

　この不完備契約は，実行していくうちに当事者は欠落していた条項を追加することができるが，この再交渉の過程では費用が発生する。この費用には次の通りの再交渉時に発生する事後的な費用があり，また再交渉があることを予想することによって発生する事前的な費用もある。すなわち① 当事者は契約を見直すに当りその条件に付き交渉をするが，それは時間と資源を浪費するだけであるという意味で非効率である，② 事後的な交渉費用は高くつくだけでなく，交渉の結果そのものを非効率な合意にしてしまう可能性がある（この可能性は，両社の間にどれだけの情報の非対称性があるかによる）。

　フィッシャーは再交渉の段階で車体の生産コストを把握しているがGMにはわからないというケースでは，GMはフィッシャーに納得のいく価格を提示することによって車体の供給を確保することができる。しかしもし実現した費用水準が低ければGMは費用以上の支払いをすることになるので，GMにとっては高くつく取引になる。ただし，もし再交渉の段階で当事者が取引相手を容易に新しい相手にスイッチできるということであれば上記①，② の事後的費用は大きくならない[61]。

　このように上記①「契約の見直し費用」と②「事後的な交渉費用」のように費用が高い場合には，当事者の行動を拘束する要因がありかつ再交渉の過程で取引先をスイッチすることが難しくなっているはずである。それは「事前の関係特殊的投資」であり，当事者の関係が継続されれば価値を生み出すが，関係が破綻してしまうと価値を失ってしまう投資である。これによって「計画を適切に記述し，もし争いになった場合に裁判所がその問題を正しく理解し強制執行ができるような形にしておくことは難しい」という費用の存在が明らかになる。

　この費用は契約が不完備であるが故に，当事者が最適な関係特殊的投資ができなくなる（例えばフィッシャーが投資を断念する）ことによる費用である。その例としては，① フィッシャーがGM用の車体製造機械を設置してしまう

と，GMが交渉により車体納入価格をフィッシャーの変動費に近い水準にまで下げてくるかもしれない。そうするとフィッシャーは当初投資費用を回収できない，②GMがフィッシャーからの車体供給を前提にした自動車を開発しその費用を埋没（サンク）させてしまうと，フィッシャーは交渉力を使いGMの製造利益を吸収してしまうほどの高い価格を設定してくるかもしれない。そうするとGMは当初固定投資費用を回収できない。

このように当事者が再交渉過程で取引相手が「ホールドアップ」を行うのではないかと恐れるとすれば双方とも汎用性のある投資を行う傾向が強くなる。換言すると関係特殊的投資を避けるであろう。例えばフィッシャーは汎用性のある装置への投資をすることによって再交渉の段階で取引相手の自動車メーカーを他のメーカーと競わせ，高い納入価格を勝ち取ることができる。これにより投資を特殊化することによって得られる効率性はある程度犠牲になるが，不完備契約しか結べない状況ではこのような非効率は汎用性のある投資によって得られる安定性により相殺されることになる[62]。

それではもし2つの企業が合併して1つの企業になる，つまり「企業の境界」が拡大することにより（事実その後GMはフィッシャーを買収し内部組織としている）これらの費用はどう変化するのかという問題がある。取引費用理論のひとつの論点は，「企業が統合して企業の境界を外に拡張することにより，執拗な価格交渉やホールドアップ行動は低下する[63]」とか，「合併の効果として，被合併会社による機会主義的行動を自動的に抑制する」といわれる。しかしこのような便益がなぜ，どのようなメカニズムで生まれるかということに明確な答えはない[64]。

4-1-4 「企業の境界」を説明する所有権アプローチ

「企業の境界」をめぐる2つの問題点，すなわち「統合によって，どのように機会主義の抑制や取引費用の節約というような便益が達成されるのか」および「市場での取引と比較して，内部組織にはどのような費用があるのか」につき新古典派理論，エージェンシー理論，取引費用理論では明示的な説明がない。そこで契約の不完備性を前提として「内部組織とはどのように定義され，どこが市場での契約関係と異なるのであろうか」という論点につき提唱されたのが所有権アプローチである[65]。

4-2 所有権理論からみた親子型企業グループ成立の根拠

　取引の過程で契約の改訂や他の制度で補完する必要はなくなるという完備契約においては取引を内部化する必要はなくなる。何故ならすべての将来起こりうるさまざまな状況のそれぞれにおいて各々の関係者が何をなすべきかを指定し，かつ個々の状況下での所得の分配方法をも指定した契約を作成しかつ履行できるからである[66]。

　一方，不完備契約は上記の完備契約が事実上成立しない，すなわち諸々のコントロール権をすべて記述するような契約の作成が困難であることが前提にある。ここですべての起こりうる状況に対して資産がどのように使用されるべきかが契約にひとつひとつ明記されていない状況が起きたとき，所有権アプローチによれば，権利を保有するのは当該資産の所有者である。資産を所有することは，残余コントロール権と残余利潤請求権で構成されることを意味する。そして資産の所有者には資産に対する残余コントロール権がある[67]。

　ここで残余コントロール権とは「あらかじめ締結されている契約，慣習，もしくは法律に背反しない限り，資産の使用にかかわる一切をどのようにでも好きなように決定できる権利」をいう。そしてあらかじめ指定されていないコントロール権については，「予測されていない事態のもとであらためて交渉したり合意を取り付けたりすることなしに特定の個人にすべてを委ねる」ということによって費用の節約ができる。

　また残余利潤請求権所有者は，「総収入から負債等他のすべての人に支払いが行われた後の残る収益に対しての権利」を有する[68]。そして同一人に残余コントロール権と残余利潤の両方を与えることによって高い効率性がうまれる。具体的には次の点があげられる。

　まずひとは意思決定にかかわる広範な権限を与えられているとき，パートナーの一員としての活動と意思決定の成果である利潤の分配にあずかることができる。また残余コントロール権と残余利益を適当に組み合わせることにより，所有者に資産価値の維持改善を図る強いインセンティブを与えることができる。例えばチーム生産の例で考えてみると，複数の労働者の共同作業による生産においてはひとりひとりがどれだけ生産したかを定めることは困難であり，また観察することも難しい。このような各個人の生産量がわからない場

合，個人は手を抜くかもしれないというインセンティブ問題がある。その解決策としてある個人に監視役として他の労働者を監視し，作業態度が芳しくないメンバーを入れ替える権限を与える。そしてその監視役を監視する人として残余利潤を「監視役を監視する人」に与えることにより動機付けされる。このように所有によって強い個人的インセンティブを創り出すことができる[69]。

　ここで資産の所有者が残余利潤請求権を保有するとは限らない事例，すなわち自動車の所有とレンタルの違いにつき検討する。

　自動車の所有者は残余コントロール権である「資産の利用にかかわる一切を好きなように決定できる権利である，丁寧な利用」および残余利潤請求権すなわち「自動車のメンテナスを充分に行うという権利を行使すれば，処分時の売値が上がる」という所有者による自己利益を追求する収益最大化行動が，そのまま効率的意思決定となる。逆に自動車の所有者による意思決定にともなう費用の一部の負担や収益の一部しか受領しない場合には，全体に対する効果が所有者自らの利益に反映されないため，その個人による意思決定は非効率となる可能性が高い。

　一方，レンタルの場合資産の実際の利用法を決するレンタカーの借手はレンタル期間中の残余コントロール権を有する。しかし借り手は資産の使用にかかわる一切をどのようにでも好きなように決定できる権利（乱暴に乗ったり，または丁寧に扱ったりする）を有するが，残余利潤請求権はもっていない。このレンタカーのようなパフォーマンス測定が不完全な場合には，残余利潤を受け取る立場にない利用者は資産価値を維持するような価値最大化，ましては価値増大行動をとるとは期待できない。この例で明らかな通り残余コントロール権と残余利潤請求権を適切に組み合わせることにより，所有者に資産価値の維持改善を図る強いインセンティブを与えることができる[70]。

4-2-1　株主は残余利潤請求者であるが残余コントロール権は保持していない

　名目上そして法的には株主が企業を所有しているが，株主は残余利潤請求者ではあるものの残余コントロール権は保持していない。何故なら株主の権利は極めて限定的であり，かつ「資産の使用にかかわる一切をどのようにでも好きなように決定できる権利」をもっておらず，むしろ経営権を委譲され企業を代表する経営者が残余コントロール権をもつ[71]。

そこであらためて株主の権利につき検証すると、会社法105条の「株主の権利」は自益権としての剰余金の配当および残余財産の分配を受ける権利と、共益権としての株主総会における議決権（普通決議と特別決議）とがある[72]。しかし株主には企業経営のうえで重要な事項である、例えば投資や買収の決定、管理職の採用や報酬の決定、価格の決定等の多くに対して直接の決定権はない。むしろ株主の最大の権利は主要な経営上の決定を行いまた承認する権限を与えられている取締役の選任権をもち、かつ選任された取締役が期待通りの行動をとらない場合には交代させることができるという点にある。

4-2-2　企業内で誰が残余コントロール権をもつのか

企業の基本的な特性は、残余コントロール権と残余利潤請求権を連結させる点にある。

しかし企業においてはときには残余利潤の受領者が異なることもある。その例としては企業が債務返済不能の場合、如何なる利益の増加分もまず債権者への支払いに充当され債権者が残余利潤請求者となることがある。

経営と執行が分離されている米国式経営形態においては「企業内に残余コントロール権が与えられている者がいるとすれば、それは取締役」と結論づけている。つまり残余コントロール権は取締役がもっている。すなわち取締役が配当、上級執行役員の採用・解雇・報酬、新規事業への進出、買収提案の拒絶あるいは承認とその株式総会への付議等の決定権を有する。しかし取締役が残余コントロール権を有したとしても残余利潤請求権は有していない。もし企業が清算されたならば、負債と税金が支払わられた残余は株主に分配されるからである[73]。

これまで「企業の境界」が複数の企業の統合によって拡張するとか、1つの企業が分権化によって複数の企業を形成することによる「企業の境界」の縮小がどのような要因によって決定されるのかにつき説明してきた。これにより明らかになるのは、①完備契約に立脚すると包括的な契約を事前に設計できる前提から、取引過程において契約時に約定した事項を改訂する必要がない、②いかなる決定権をもすべて指定されていることから残余利潤請求権も決定済みなので、取引を内部化する必要はなくなる。つまり企業の境界の議論は無意味となる。しかし実務上このような完備契約が成立することはない。した

がって新古典派理論およびエージェンシー理論は完備契約を前提とすることから企業の境界の議論には馴染まない。

エージェンシー理論の発展型として，企業の分社化にともなう株式公開の可能性が人的資源に対する投資のインセンティブを促進させるという Aron [1991] がある[74]。これによると企業再編政策のうち分社化（スピンオフ）そのものが多角化企業の事業部長へのインセンティブへの誘因になる[75]。たとえスピンオフが稀少な出来事であっても，将来的に起こる可能性のあるスピンオフは事業部長のインセンティブを改善させることができる。すなわち将来起こりうるスピンオフは，事業部長に対し実際にスピンオフが起こっていなくても，あたかも資本市場でモニターされ評価される立場にたたせる。そしてスピンオフ後の新会社の株式評価はその新会社のみのものである一方，もとの事業部が親会社に属す場合はその事業部は親会社の全ての事業部の資産を反映した株価となる。そうすると事業部長への株価連動報酬体系をとろうにも，事業部の数が増えれば増えるほど各事業部長の業績評価に対する精度を低下させることになり，事業部長に正しいモチベーションを与えようとするとむしろコストの高いものにつく。この業績評価を事業部ごとの ROA（総資産利益率）のような財務指標でしようとすると会計上の収益が純キャシュフロー収入と異なる限り，事業部長の報酬に対してのインセンティブと株主の要求との間に相違が生まれる[76]。もし多角化企業の株価がある事業部の効率が悪いことを反映しているとしたら，単品生産する事業部へのインセンティブ供与の方が多角化形態より優れていることになる。換言すれば，多角化が効率に反するとき事業部長への単純な株価連動報酬の代替として，スピンオフを多角化企業におけるインセンティブの材料とすることができる。このように多角化企業はインセンティブの面からみると，事業部の効率性と株価の関係にノイズがあるため効率性と株価のどちらをインセンティブの根拠とするか明確でないことからコスト高となる。一方，分社化後の単品生産会社のマネージャーには効果的にインセンティブを供与できるが，もとの企業は範囲の経済（シナジー効果）を損なわせることになる[77]。

ここでは事業部を多く持つ多角化企業が効率性を高めるための事業部の成果をめぐるノイズを排除する方策として，また最適インセンティブ供与の方策と

しての分社化（スピンオフ）の有効性を論じており，スピンオフによる企業の効率性とインセンティブ供与の度合いの間にトレードオフの関係がみられる。Aron［1991］のモデルではこのトレードオフを考慮のうえ，事業部を分社化するのか，多角化企業の中に止め置くかという企業の境界を決定することになる。なおこの議論は一般にインセンティブ供与の不適正からくる非効率経営に伴う買収とか会社所有の変更にかかわる企業経営者に対する規律と同列，と考えられる。しかしこの場合は最適インセンティブ供与のためにスピンオフするものであり，企業再編の前であろうと後であろうと経営者規律へ導くものである[78]。

4-3 不完備契約の立場から「企業の境界」の拡張と縮小が起こる要因

不完備契約の立場に立つ所有権アプローチによれば，契約によって残余コントロール権を不完全にしか特定できない場合（契約の不完備性），物的資産の所有権が重要となる。そのうえ物的資産の所有者のみが残余コントロール権を行使できる。またパフォーマンス測定が容易な場合には，残余利潤を受け取る利用者ならば資産価値を維持するような価値最大化行動を期待することができる。

このように物的資産の所有者のみが「資産の使用にかかわる一切をどのようにでも好きなように決定できる権利」である残余コントロール権を獲得するということになると，残余コントロール権は物的資産の所有権と不可分の関係にあることになる。ここで親会社が過半数の所有権を持つ子会社と内部組織との区別は「企業の境界」をめぐる議論のためにも重要だが，両者ともに物的資産に対する残余コントロール権が親会社によって掌握されているためその区別は曖昧である。

この曖昧ともいえる子会社と内部組織との区別を，雇用関係に見いだしているのが伊藤・林田［1997］である。まず事業部制をとっている企業の内部組織につき検討する。この場合雇用主（例えば経営者）は労働者（例えば事業部長）と雇用契約を結ぶことによって，労働者という人的資源に関する残余コントロール権を獲得する。その結果，意思決定の権限が事前に労働者に委嘱されたとしても，雇用契約にもとづき事後的に経営者はいったん委嘱した権限をい

つでも従業員から取り戻し，自らの権限に転換することができる。この場合，権限移譲が契約[79]に明記されない限り，たとえ経営者が権限移譲によって従業員に関係特殊的投資を行う誘因を与えようとしても従業員は委嘱された権限をいつでも取り上げられる可能性がある。このことを事前に予測する従業員はこの投資を行う誘因を失ってしまうことから他の用途のもとでは利用価値がないことからくる，ホールドアップ問題が発生する。

　次に親会社経営者が子会社を設立して成長分野と目される事業の発展を図る場合について検討する（図2-1「日本企業の親子間資本関係の多様性」の例では，＜Ｃ＞の子会社上場の日立化成工業のケースである）。親会社の事業部長は子会社の経営者になり従業員は当該子会社に雇用されるが，その人的資産を利用する権限は子会社の経営者へ移譲されることになる。これにより親会社が当該事業での従業員の利用の仕方に過度に介入する誘因を弱める[80]。さらに親会社による介入の誘因を弱めると同時に，子会社自らの人的資源の活用の独自性が強まる。親会社による分社化に踏み切る経営判断材料の１つは，分社後の子会社が特定の業務分野に特化することにより経営効率を飛躍的に向上させることにあるが，その方策の主要なテーマとして子会社独自の人事政策をとらせることにある。親会社での一律の人事政策により肥大化した人件費の縮減を分社化により実現することが，一般に行われている。この人件費の縮減は，子会社独自の人事政策があって初めて実現が可能となる。

　この親会社からの過度の介入の強弱の意味合いについて考える。もし事業部のままの状態で経営者が事業部長に対し人的資産に対するコントロール権を権限移譲できるのなら，分社化する必要はない。しかし企業内部における権限移譲はコミットメントの観点から限界がある。すなわちもし契約によって権限を委譲できるのであれば直接事業部長に当該事業部の従業員の利用に関する権限を契約に明記して委譲すればよいが，従業員の利用についての権限を明示することの費用は高く[81]，そもそも不完備な契約にならざるをえない。この不完備契約のため，事業部長に当該事業部の従業員の利用に関する権限の譲渡は拘束力のあるコミットメントの実現という効果をみると限定されたものでしかない。なぜなら不完備契約には利己的な行動をうまくコントロールができない場合があるが，利己的な行動によって不利益を被る可能性があると合意すらでき

ないかもしれないからである[82]。例えば，たとえ経営者と事業部長が従業員の利用に関する権限を契約に明記できたとしても，経営者はいつでも望むときにその権限を取り戻し事業部の人的資源に対する介入ができる。このため，経営者・事業部長間における拘束力のあるコミットメントは事実上できないことになる[83]。したがって分社化によってはじめて人的資産のコントロール権が移転され権限移譲にコミットできるようになる。

4-4　取引費用理論からみた企業グループ形成の経済的機能について

　市場取引が最も効率的に財の分配ができるという立場からみると，企業グループ形成の動機の１つである垂直統合によって他の会社を支配して商品を継続的に供給させる仕組みは非効率となる。この場合，支配企業は市場を通じてより有利な契約を締結する機会を自ら放棄している。しかし市場取引だけでは，企業は他の企業に支配的影響力を及ぼす法的地位を獲得できない。何故なら契約の成立が双方の合意を前提とする以上，当事者は必ずしも自己の要求を貫徹できるわけではないからである[84]。

　ここで取引費用理論によると，他の会社を支配して商品を継続的に供給させる仕組みは非効率とはいえない。すなわち市場取引を実現するために，①取引相手を検索し，②相手にその意思を伝え，③その条件を伝え，④駆け引きをしながら話し合いをし，⑤契約を作成し，⑥その契約条項が守られているかどうかを監視する，にはコストがかかる。この取引コストを軽減するには，市場取引ではなく親子型企業グループを形成し他の企業を支配下において継続的に影響を与えるという方法が有効となる。

　ここでこの取引費用の概念を例えば自動車製造・販売の事業分野をあてはめて考えてみると，組み立てメーカーと部品メーカーが親子型企業グループを形成する要因が明らかになる。

　自動車組み立てメーカーにとってさまざまなモデルに対応し在庫コストを軽減するため継続的な取引関係を結び，かつジャスト・イン・タイムな供給を受けたうえ高度の品質管理ができる部品メーカーを市場で見つけ出すのは容易でない。そして市場において相応しい取引相手を見つけ出すために取引先の技術力や信頼性についての情報獲得コストや，もし取引相手と契約を締結しても相

手との取引継続を強制することはできないことによる支配コストが発生する。また組み立てメーカーは高品質な部品供給を受けるため部品メーカーに技術供与を行うことが多いが，これらの投資が充分回収されないうちに契約が終了し契約の継続が拒否された場合，組み立てメーカーはホールドアップに陥り損失を被ることになる。これによりサンクコストの発生が不可避となる。このため現実の経済活動のなかには，他の企業に対し継続的に影響を与える必要が出てくることがある。企業グループ内で複数の企業が親会社の傘下のもと，一体になって生産活動を行うと企業間の生産技術・ノウハウが相互に影響し全体としての生産能力を高めるシナジー効果を得ることができる。また設備投資にあたりそれぞれの企業が役割に応じて割り振りをされることにより二重投資の弊害を排除することができ，投資の集中による規模の経済を果たすことが可能になる。

　これらのことは不完備契約の理論からも説明が可能である。この不完備契約の理論では契約当事者が「すべての利害調整場面を想定してその処理につきすべてを事前に契約に書ききることには限界があり，契約が記述できない場合には効率的な資源配分が実現できないが，法や組織によりこれを改善する余地がある」[85]。しかし契約が不完備な場合には情報収集コストや契約作成費用，契約のエンフォースメント費用等の取引費用が多大である。

　下記図2-3はこれまでの高橋（英）による「部品購入市場における部品供給コストの変化」[86]についての議論と，ミルグリム・ロバーツの「完備・不完備契約論」[87]にもとづきその概念を図式化したものである。

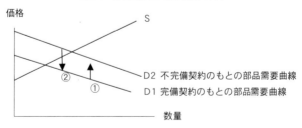

図2-3　部品購入市場と供給コスト

（出所）　福井［2007］159ページをもとに修正して作成。

図 2-3 から，部品購入市場における供給コストの変化をみる。ここで需要曲線 D1 は完備契約（取引費用がかからない）を表している。しかし実際には契約は不完備なためその補完のため取引費用が発生するとすれば部品需要曲線は上方 (D2) にシフトする。これにより ① の通り価格は上昇し供給量は増加する。

これに対し親子型企業グループを形成し，他の企業を支配下において継続的に影響を与えることにより取引費用を軽減することができれば，下方にシフト（図 2-3 内 ②）することにより，価格は下降し（ただし部品供給量は減少）部品調達は効率的になる。つまり企業グループ形成が契約の不完備を代替し，または補うことによって低廉な価格の部品供給を受けるための契約が書かれる。これが取引費用の削減をもたらすことになる。

これまでは企業グループ形成の要因につき「企業の境界」からみた理論的説明およびその経済的機能について議論してきた。それではこの企業グループ経営を企業戦略としてみたときどのような位置づけになるのであろうか。これについては次章でとりあげる。

注
1）わが国において「企業グループ」化が進展し，企業の傘下に数多くの分社が誕生し始めたのは 1930 年代である。この分社という用語を初めて使ったのは松下電器産業である。松下は事業部制を取りやめ，当時の全ての事業単位（4 事業部）を子会社として分社化したうえ累計 48 社を設立し，抜け殻となった本体は持株会社に移行した（下谷 [2006] 248 ページ）。
2）林・高橋編著 [2004] 144 ページ。
3）伊藤・林田 [1996] 伊藤編 169 ページ。
4）日立化成 HP からの引用。
5）このような少数株主保護の問題に関し，これは「公開会社の株を購入した後でその会社が買収され別の会社の子会社になった」事例である。これとは異なり「はじめから公開子会社株を購入する」事例は，親会社が子会社の少数株主を搾取してその企業価値が減少するかもしれないということを斟酌したうえそのような要素を加味したディスカウントされた株式を買っていることになり同列の議論はできない。
6）そのコストには ① 競合他社に情報が漏洩する，② 親子会社間の不公正取引による利益相反，③ 潜在的な法的コスト（少数株主に対するディスクロージャーの責務がある）等がある。
7）Slovin and Sushka. [1998] pp.255-279.
8）親会社の経営者は支配株主であるが故に合併条件設定やその同意をすることができるため，潜在的に自己取引とみなされかねない。しかし同時に多数株主である親会社は子会社の少数株主に対して信認義務やこの取引が公正（買収オファー株価が fair cash value でなければならない）であることについての法的責務を負っている。
9）青木・宮島 [2011] 宮島編著 282 ページ。

10) 大坪 [2011] 237-241 ページ。
11) 菊谷・斎藤 [2006] 1-2 ページ。この完全子会社化の動機として，経営支配権（少数株主の排除によって経営の自由度を高める）および利益請求権（配当等による子会社の価値流出を遮断する）の2つをあげている。
12) 2016 年 10 月 5 日付日本経済新聞記事。
13) 高橋（英）[2007] 49-52 ページ。
14) 葉 [2011] 2-5 ページ。
15) この経営者による利己的行動によって起こる株主と経営者のエージェンシー問題は，株主の行動如何では法的規制により抑制や歯止めが可能である。すなわち，① 取締役の過度な権限拡大を予防する経営陣対抗権として，例えば株主がもつ1票の投票権や少数株主による株主総会招集に必要最小限の所有比率に関する規定がある，② 具体的には少数株主権として，例えば議決権の1％所有による株主提案権，議決権の3％以上の所有による株主総会の検査役請求権および総会の招集請求権がある，また ③ 単独株主権（1票を所有）は個々の株主保護のために認められている権利であり，例えば株主代表訴訟の提起権や取締役等の行為の差し止め請求権を保持することになる。
16) 河合 [2012b] 9 ページ。
17) 大坪 [2011] 18-32 ページ。
18) 宍戸・新田・宮島 [2010]（中）4-6 ページ。
19) これは欧州大陸やアジア諸国に多くみられ，かつわが国でごく一部にみられる企業支配形態である。例えば 2005 年時点での再編前の西武グループは堤家 36％支配の非上場会社「コクド」が上場会社「西武鉄道」株の 62％を，また「コクド」100％支配の「プリンスホテル」が「西武鉄道」株を 7％保有（残り 31％が一般株主）することにより，事実上創業家一族が支配するピラミッド型支配構造になっていた（2009 年 9 月 3 日付け東洋経済記事）。これにより会社経営の支配権と会社利益やキャッシュフロー権が乖離する結果をもたらす。一方伝統的企業の親子上場ではコントロール権とキャッシュフロー権の乖離は小さい（宍戸・新田・宮島 [2010]（上）38 ページ）。
20) 宍戸・新田・宮島 [2010]（上）38 ページ。
21) 2007 年時点の個人または法人が 50％超の支配株を有する会社の比率は，東証では 13.5％である。また支配株主を有する上場会社は NYSE では 1.7％（1996 年時点），英国は 2.4％（1992 年時点），ドイツは 64.2％（1996 年時点）である（上場制度整備懇話会 [2007] 15 ページ）。
22) 宍戸・新田・宮島 [2010]（中）4-5 ページ（一部修正している）。
23) 宍戸・新田・宮島 [2010]（中）4-5 ページ。
24) 東証整備懇談会中間報告 [2007] 16 ページ。
25) 上場時発行される目論見書だけで，当該子会社の信用力やリスクの所在の全貌が明らかになるという保証は必ずしもない。そのため子会社がどの親会社のグループ企業なのか，ということが投資家にとって投資リスクを緩和する根拠の1つになりうる。したがって信用力の高い親会社の傘下にある子会社上場は，他の独立した競合企業に比較して有利な位置にあるといえる。
26) 少数株主は株価次第で売却するというようなもっぱら退出による補完的なモニタリングの機能を有する。また子会社株価は親会社が資本市場への介入をしない限り，少数株主間の取引により形成されるのが一般的であり，少数株主がどうモニタリングしどう評価するかにより決定されることから無視できない存在となる。
27) 宍戸・新田・宮島 [2010]（中）4-6 ページ。
28) 少数株主を保護しないという方針は，少数株主保護規定，例えば株主提案権や株主総会招集権に抵触しない範囲で，もし少数株主を保護しないことが企業全体の効率性を高めるのであれば，多数株主（親会社）のみのコントロールにおいて企業価値最大化を図ることは可能である。
29) これは「NEC は NEC ソフトと NEC システムの両社の株式を公開時の売出しで 900 億円の資

金を得たが，それぞれ4年後，2年後に完全子会社化したときのコストは現金420億円とNEC株との株式交換で済んだ」という例である（2006年10月7日付日本経済新聞記事）。ただし，この2社は成熟公開会社を親会社とする例外的ケースといわれてきたが，この事例は必ずしも親会社の利益を追求するという企業行動ではなく事実親会社のNECはこの完全子会社化によって資金的に得していない，という説が有力である。

30) 親子上場の是非を考えるにあたっては企業グループのパフォーマンスについての実証研究に委ねることになるが，その先行研究は2つある。1つ目は加藤［2009］でありそれによると収益性と企業価値の両指標の単純比較は「親会社をもつ会社」が「親子上場に無関係な会社」を上回っていることを示し，「親会社のブランド力や経営資源の有効活用が実現している」とする『日本経済研究センター研究報告書』「日本企業の株主構造とM&A」2009年3月所収，第3章，加藤岳彦「上場子会社と企業統治」（2009年4月22日付 http://www.nikkei.co.jp/needs/analysis/09/a090422.html）。2つ目は宍戸・新田・宮島［2010］による①子会社経営者に対する規律づけによるプラス，②親会社による少数株主からの搾取というコスト（少数株主にとってのマイナス）の何れが優位なのかの視点からの解明である。過去22年間（1986年から2008年）の東証上場子会社とそうでない独立企業の経営指標（トービンのQ，ROA，総資産負債比率，売上高成長率）の比較からみたとき，総じて上場子会社のパフォーマンスが平均的にむしろ優れており株式市場でもプレミアム評価されていることを示していることから，親会社による搾取の危険性は大きくはなかったと結論づけている（宍戸・新田・宮島［2010］（下）37-41ページ）。

31) 大坪［2011］37ページ。

32) NECは債務超過に陥ったNECトーキンを完全子会社化した（2010年1月7日付日本経済新聞記事）。

33) キリンホールディングスは連結子会社であるメルシャンで発覚した不正取引は子会社の企業統治のなさからくるものとして，親会社による企業統治強化の目的から同社を完全子会社化した（2010年8月28日付日本経済新聞記事）。

34) 野村証券金融経済研究所では親会社が40％以上の支配権（実質支配基準を満たす）を有しているものを子会社としている。東証上場企業数（B）は東証上場の一部，二部，マザーズ，JASDAC，外国会社のすべての会社の合計である。また（A）/（B）の（B）は（A）より3カ月以前の時点の数字であり時期がずれている。

35) 2013年7月19日付大証との統合で1,100社が東証上場に鞍替えしたため2014年7月14日現在の上場企業数は3,414社と大幅に増えている。

36) 伊藤・林田［1996］伊藤編175ページは「親会社の経営者による過剰介入の問題を緩和する効果」を指摘している。

37) 宮島・新田・宍戸［2011］宮島編著326-327ページ。

38) この結果をみると2001年時点と同様「NTTのドコモ持分以外の分（33％相当）」がマイナス評価になっている。したがって上場子会社についての株式市場の評価は，2001年と2016年を比較してもほとんど変わりがないと推測できる。

39) 落合［2006］81ページ。

40) 2005年会社法改正により子会社の判定には実質支配基準が用いられるが，これは親会社が実質的に支配している子会社の業績の影響を受けることを明らかにするという意味で親会社株主保護の側面がある。

41) 親会社が子会社に求める意思決定と行動が子会社株主の利益を損なうものであると判断される場合には，子会社少数株主は株主代表訴訟という対抗手段があり実務上多くの裁判例がある。

42) Brealey, Myers and Allen［2010］p.923.

43) 西澤編［2001］17-20ページ。

44) その例としては，1998年Ford Motors所有の金融子会社Associates First Capitalのスピンオフがある。Associates株式の一部は市場で公開売却され，残りはFord株主に無償割当てされた。Ford株主に無償割当てされたことによりFord Motorsとその子会社であったAsociates間の資本関係は消滅した。https://www.bloomberg.com/research/stocks/private/snapshot.asp?privcapId=347788
45) Vijh [1999] pp.273-308.
46) Vijh [2002] pp.153-190.
47) わが国においてもスピンオフ（分割型）は会社分割における新設分割のうち，もとの企業の株主が新設企業の株主となることにより可能であることから，この議論に共通点が見いだせる。なお会社分割における新設分割のもう1つの方法には分社型があり，その場合もとの企業が新設会社の株主となる（大坪［2011］21-22ページ）。
48) Aron [1991] pp.505-518.
49) 公正取引委員会HP記載の平成15年事例3．による。
50) Perotti and Rossetto [2007] pp.771-792.
51) 新田・宮島［2010］〔中〕7-8ページ。
52) 1個人が，同じような立場にある多数の人々（クラス構成員）を代表して訴訟提起し，集団的な請求を行うことを可能とする民事訴訟制度である。その大きな特徴は，オプトアウト方式と呼ばれる仕組みであり，クラス構成員の定義（例えば「フォルクスワーゲンの排ガス規制のソフトの改ざんにより自動車の購入者が価格低下の被害を被った」などと定義される）に該当する者は，自ら参加する意思表明を行わなくとも，その訴訟から離脱（オプトアウト）する意思を積極的に表明しない限り，当然にクラス構成員になる。よって，米国のクラスアクションでは原告の数が数百万人に及ぶことも珍しくなく，請求金額の合計も膨大なものとなる。http://judiciary.asahi.com/outlook/2013052600004.html（一部変更している）。
53) 合併による企業の境界の拡張には費用と便益（利点）のトレードオフ関係がみられる。これは後述するGMとフィシャー・ボディ（以下フィシャー）の合併事例で明らかになる。ここでGMとフィシャーはそれぞれ独立した企業であるが，長年にわたり長期契約にもとづきフィシャーはGMに対する自動車車体の供給をしてきた。GMは車体需要の急増に伴い取引価格決定方法の見直しを提起するも，フィシャーはそれを拒否した。そのためGMはフィシャーを次のような理由により買収した。

①たとえ長期契約を改訂できたとしても，不完備契約であるため想定していない事態が発生することは避けられない（同じような状況が再現することが，避けられない），②次に交渉する機会があったときは，より強い立場を確保することを望む（再交渉のコストが高いものにつくおそれがある）。

　GMはこの買収によりフィシャーの所有権を獲得することになり，フィシャーの資産に対し残余コントロール権を得強いパワーを獲得した。これにより両社の関係は安定的なものになる。さらにフィシャーの経営者がGMの要求を拒否したら経営者を解雇することが可能になる（これが合併の利点である）。ところがフィシャーの経営者は，製造コストの低下に対するインセンティブを失ってしまうことになる。何故ならもし製造コストの低下が実現したら，GMは強い立場を背景に車体の取引価格を低下させようとするだろう（これはフィシャーの収益を減少させることになる）。このことを予測したときフィシャーにはコスト削減策定のインセンティブを失ってしまう（これが合併にともなうコストとなる）。Hart [1995] 訳書9-10ページ。
54) Hart [1995] 訳書19-37ページおよび伊藤・林田［1996］伊藤編156-158ページ。
55) Hart [1995] 訳書19-22ページ。
56) もし企業がモニタリングのメリットを徹底して追求するのなら，際限なく統合が行われて巨大な企業が生まれ，これが最適となることになる。しかしこれは現実の実務からかけ離れた事象にな

57) Hart［1995］訳書 37 ページ．
58) 「完備」とはすべての当事者の責務を想定しうるすべての将来の状況に応じて特定して記述するのであるから，将来の状況が現実に展開されていくに従って契約の改訂や再交渉したりする必要はない．たとえ契約が変更可能であり，追記する状況があったにしても，変更・追記条項はもとの条項に入っていたはずであるからである．
59) Hart［1995］訳書 31 ページ．
60) この GM とフィシャーの統合に至る沿革は次の通りと認識されている．1919 年，GM はフィシャーによる GM に対する車体の供給を行うことにつき長期の排他的契約を締結した．これによりフィシャーは GM 仕様にあわせた設備投資をした．GM はフィシャーが当該設備投資をした後，ほかのサプライヤを使うという威嚇ができなかったため，フィシャーとの間で「唯一のサプライヤーとして事前に設定した価格で購入する」という 10 年契約を締結した．その後車体への需要は急激に増加したため GM にとってフィシャーは決定的に重要な取引先となり，GM は「ホールドアップ」状態に陥った．この「ホールドアップ」が将来的にも起こることを避けるため 1926 年，GM はフィシャーを買収することになった．そしてフィシャーは GM の 4 つのオペレーティンググループの 1 つであるカー＆トラックグループの 1 部門となった（Bolton and Scharfstein［1998］pp.102）．
61) それは次のような場合に実現する．
①フィシャーが利潤を高めるため価格交渉を試みても，GM がフィシャーと同程度の効率的な取引相手にスイッチできたらフィシャーの試みが成功しない，②逆に GM が同様のことを試みても，フィシャーは他の取引先（GM 以外の自動車のアセンブラー）にスイッチすることができる，③再交渉が決裂した後に当事者がそれぞれ別の取引先と最初からやり直すことができたら，情報の非対称性があっても事後的な非効率が発生するわけではない（GM の低価格の要求が拒否されても，低コストの新しい車体の納入業者を見つければよい）．
62) Hart［1995］訳書 28-37 ページ．
63) 統合した企業でこの価格交渉やホールドアップが抑制されるとか，機会主義的行動は同一企業内で常に抑制されるということが取引費用理論の主たる論点になる．もしそうであるならすべての経済活動は，1 つの巨大企業に集約されるのが最適ということになってしまうが現実はそうなっていない（Hart［1995］訳書 37 ページ）．
64) Hart［1995］訳書 37 ページ．
65) 伊藤・林田［1996］伊藤編 162 ページ．
66) Milgrom and Roberts［1992］訳書 321-322 ページ．
67) Hart［1995］訳書 40 ページ．
68) Milgrom and Roberts［1992］訳書 322-323 ページ．
69) Milgrom and Roberts［1992］訳書 325 ページ．
70) Milgrom and Roberts［1992］訳書 324-325 ページ．
71) 伊藤・林田［1996］伊藤編 167 ページ．
72) 株主の権利は共益権として下記の通り明確に定められ，その権利は限定的である．
①議決権，②設立無効等の訴え，③株主総会における議案締結権，④累積投票請求権，⑤株式募集発行差止め権，⑥取締役会招集請求権，⑦取締役会議事録閲覧と謄写請求権，⑧代表訴訟提起権，⑨取締役・執行役の違法行為差止権（大坪［2011］78-85 ページ）．
73) Milgrom and Roberts［1992］訳書 351 ページ．
74) ここでいう人的資源への投資インセンティブとは，スピン・オフによりセグメント別に採用することや，中核となる従業員を取り込むことにより自らの事業に集中させ，自らの会社の成果に直

結する報酬を受け取ることを意味する（Aron [1991] p.510)。
75) 米国において 1963 年から 1980 年の間に 157 件のスピンオフ事例があるがダイベスチャーの手法としてはセルオフ（事業売却）に比し一般的ではない（Aron [1991] p.506)。
76) 例えば事業部長は現在が設備投資のベストのタイミングと考えても，多額の投資は現在の財務悪化をもたらすことを危惧して投資をためらうことがありうるが，それは株主の企業価値向上の要求とは異なることになる。
77) Aron [1991] pp. 505-518.
78) Aron [1991]) p.516. この分析の前提となるスピンオフは米国では上場が所与のものとなっている（この形態はわが国の「新設分割（分割型）」制度と同じであるが，わが国においては稀なケースである）。そしてこれが市場で評価されることによって，スピンオフ後の新会社経営者に対する規律として働く。わが国において親会社が上場後も子会社所有権の過半数を握っているケースが多いが，この場合市場による子会社評価（株価）が親会社の介入もしくはパフォーマンスに影響を受けバイアスを生むことがある。しかし親会社との資本関係が維持されていても，分社化された以上親会社の子会社への介入の程度がかつての事業部と同じとなることは想定できない。つまり分社化は権限移譲とあいまち親会社からの過剰介入の程度を緩和することによりその自律性を担保するものとなる。
79) 権限移譲を契約に明記することは，一般的に言って難しい。そしてわが国の実務において，経営者と事業部長間で権限移譲を契約することは稀なケースである。そのうえ権限移譲契約は，起こりうるすべての事項を記入することは不可能なので不完備契約にならざるをえない。
80) 伊藤・林田 [1997] 91-94 ページ。一般に分社後の子会社の業務は親会社の広範な業務ラインに比し狭い業務範囲になることが多い。そのため従業員を活用する代替的機会が親会社より限定されているのが通常であるため，事後的にその利用の仕方に過度に介入する余地はあまりない。
81) 伊藤・林田 [1997] 伊藤編，102 ページ。
82) Milgrom and Roberts [1992] 訳書 142 ページ。
83) 経営者は事業部長の業績や人的資源の活用が満足なレベルでないときは，いつでも交代できる権限をもつ。したがって両者間の契約による権限移譲はコミットメントとはなりえない。
84) 高橋（英）[2007] 47-48 ページ。
85) 福井 [2007] 158 ページ。
86) 高橋（英）[2007] 47-48 ページ。
87) Milgrom and Roberts [1992] 訳書 351 ページ。

第 3 章
企業戦略の視点からみたグループ経営

　日本企業は経済のグローバル化への対応のため企業戦略の実効性を高めることを目的に組織再編をしてきたが，その方策の1つがグループ経営である。

　このグループ経営には戦略の観点からみてどのような特異性があるのかを分析するため，日米企業戦略の差異を検証することからはじめる。

1　日米経営戦略の比較

　日米経営戦略の比較のため「戦略レベルの4つの階層」（これを図式化したものが図3-1である）にしたがって企業活動のそれぞれの階層にもとづき検討する[1]。

　ここで図3-1の上半分の「集団のレベル」は企業の優位性の程度を表し，下半分の「組織のレベル」はマネージメントの複雑性の程度を表している。またB. C. N. における企業活動のそれぞれの階層につき次の通り定義する。

　B. のビジネスレベルとは，競争戦略におけるバリューチェーンにおける活動をいい，コストリーダーシップ，差別化，集中化がその施策となる。

　C. のコーポレートレベルでは，企業内における事業部門同志のつながりに焦点をあて，その戦略としては多角化，戦略的撤退，事業レベルでのリストラクチャリングがある。

　N. のネットワークレベルは，同業他社や出資関係にある子会社等企業間関係における企業優位性を構築するための戦略を示している[2]。

　さらに上記 C. N. のそれぞれの階層に G. のグローバル展開がある。

図 3-1　戦略レベルの 4 つの階層

```
<戦略のレベル>    (事業戦略)    (企業戦略)
                                              G.
                                                        集団のレベル
                              C. コーポレート   N. ネットワークレベル
                                                        グループ優位性
                  B. ビジネスレベル  競争優位性  企業優位性
    F. 機能レベル
    (販売・マーケティング)  (企業間戦略)            組織のレベル
                              コーポレーション・
                              グループ                  マネジメント
                                                        の複雑性
          オペレーション
          ユニット
                              G.         アライアンス・
                                          パートナーシップ
                                       G.
```

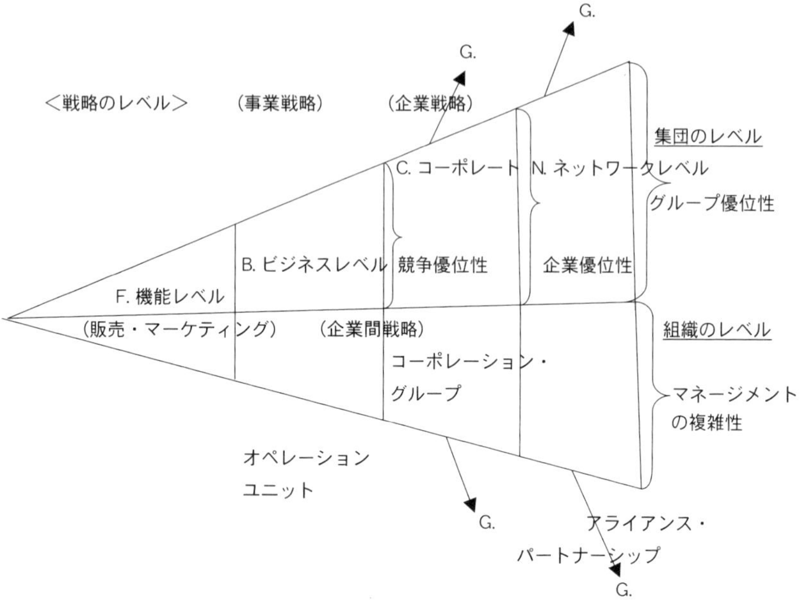

（出所）　De Wit and Meyer ［2005］ p.9 の図の概念をもとに修正して作成。

1-1　戦略レベルの 4 つの階層

　まず F. の機能レベルはセールスやマーケティングにおける戦術を指し，個々の個人や部門が同業他社と優位に競争するにあたっての固有の機能をいう。その上位に位置するのは B. の事業戦略であり（例えば事業部長による）自社の製品・サービスを，もてる資源と組み合わせて単一の市場や業界におけるその優位性を確立するビジネスレベルの戦略である。さらに C. の企業戦略は「複数の事業内における行動と業務内容の組合せと，個々の事業の業績に影響を与える戦略的波及効果のマネージメントであるコーポレートレベルの戦略」であり，これが企業優位性を決定する要因となる。つまり F. から C. へ至るにしたがい資源と環境の組合せの調整と統合の程度が複雑化し内部資源の活用度の程度が高まるとともに，事業ごとのコンピテンシーを束ねることによりシナジーを創り出すことが求められる。

　また N. のネットワークレベルでの戦略には「戦略的提携」「M&A」「全社

的リストラクチャリングやイノベーション」がある。その組織レベルの形態としては，専ら傘下子会社の運営・管理，あるいはグループ全体の経営意思決定と監督を主たる業務とする持株会社が典型例としてあげられる。その業務としては経営と事業の分離，M&Aの促進，グループ全体の効率化の推進があるが，これらの経営方針・財務・人事政策等の策定・実施という持株会社（親会社）の基本的機能の一環として，子会社の業務執行に関する意思決定に深く関与すると同時にその監視責任をも担うことになる[3]。つまりC.の親会社による企業戦略の策定にもとづき傘下子会社によるN.のネットワークレベルでの事業遂行，その親会社による監視というようなC.とN.の境界を超えた動きになる。

さらに上記B. C. N. のそれぞれの階層にG.のグローバル展開が派生的に出現している。これにより組織運営はより一層複雑化し，要求される経営資源は幾何級数的に増加することになる。

1-2 米国における一般的な経営戦略

米国おいては特定事業へ特化した企業が主流なため図3-1のB.ビジネスレベルとC.コーポレートレベルが重なっている。すなわち米国では専業企業が多数を占め，事業ドメインを絞り込み資源を集中しているケースが多い[4]。そして米国では企業経営はグループ経営という概念が既に確立しており，事業部門と子会社[5]の区別はなく同一の経営機能として扱われている。そして「単一の市場や業界その優位性を確立するビジネスレベルの戦略（事業戦略）」と「個々の事業の業績に影響を与える戦略的波及効果のマネージメントであるコーポレートレベルの戦略（企業戦略）」が重層的（オーバーラップ）になっている[6]。つまり，各事業の競争戦略の立案・実行は株主価値創造の企業戦略と重なっていることになる。したがってマネージャー（経営者）は専ら企業アーキテクチャー全体の設計と資源配分に注力することになる[7]。この背景として利益重視，すなわち株主価値の最大化に向けた経営戦略として利益率の低い事業の切り捨てによる事業の選択と集中を通じた経営資源の集約への指向がある。

ここで補足的になるが，Gのグローバル展開で派生的に生まれる企業のカル

テル等の国際的競争制限行為にともなう問題につき言及したい。この国際的競争制限行為に対して各国独占禁止当局による自国以外における国際カルテル等をめぐる国境を超えた独禁法の適用、いわゆる独禁法の域外適用が多くみられる。ほとんどの企業が海外との取引依存度を高めている現在、各国の独禁法に対し如何に対応するかがグローバル展開企業における企業戦略の課題となっている。この問題につき理論と実務の検証をすることにより、それが各企業の企業行動に如何に影響を及ぼしているかを考える必要があろう。これについては補論「日本企業の反競争行為による経営非効率の分析」の題目で139ページに掲載した。

2　戦略レベルの階層の視点からみた日本企業の特徴

　日本企業のグループ経営は企業戦略とネットワークレベルの企業間戦略との中間に位置しており、他社との提携やM&Aのほか出資先子会社を包含したリストラクチャリングなどがその戦略となる。
　わが国企業は数多くの製品事業を展開するフルライン戦略を伝統的に重視し、その担い手は各子会社である場合が多い。例えば日立製作所をはじめとする総合電機メーカーや総合食品メーカーであるキリン等の製品ラインアップを見ても複数の事業を取扱い、製品のフルラインで競争をしているのが実態である[8]。したがって特定事業への特化ではなく、子会社が担う事業戦略すなわち単一の市場において競争優位性の構築を図ること、または親会社が担う企業戦略すなわち企業価値創造により企業優位性の獲得を目指す戦略、に乖離があるケースが多い。これから各事業分野を担う事業部や子会社のそれぞれが競争優位性の構築のための事業戦略を追求すると、収益性や成長性というような事業ごとの効率性を無視することにつながり、親会社の企業戦略が求める全社的な企業価値創造の効率性を阻害することになりかねない[9]。このことにより、マネージメントの複雑化による経営者への負荷は重く、そのため親会社の本社機能の重要性が増すことになる[10]。
　このように組織的に複雑な企業グループのなかで親子会社間に的確な企業統

治実現が困難であるにもかかわらず，例えば親会社による指揮権というような親子会社関係を制する制度は存在せず，かつ特別の法的手当てもなされていない[11]。このような環境下であっても経営戦略を親会社による事実上の支配をもってグループ各社に波及させていくことは可能であるが，反面その経営責任を親子会社のどちらがもつのかという新たな問題を惹起する。さらに親子会社関係から必然的に発生する少数株主保護の規制についても，明確なルール化がなされているわけでもない。グローバル展開が経営戦略の重要な一翼を担っている現在，これらの制度的隘路を払拭することによりグローバルな視点からみた整合性のある制度の構築は急務である。この経営戦略の隘路となっている親子会社間の法的ルールをめぐる問題については後記で議論する。

〈事例研究〉　日立製作所（以下日立）にみる「戦略レベルの4つの階層」について

　この「戦略レベルの4つの階層」を日立の事例にあてはめるとどうなるであろうか。

　日立における2014年度の連結売上高97,619億円の売上高別事業分野をみると，① 情報・通信システム19％，② 社会・産業システム15％，③ 高機能材料14％，④ 電子装置・システム11％，⑤ 自動車システム9％，⑥ 建設機械7％，⑦ その他25％と多岐にわたっている。これを社内カンパニーにより事業戦略（上記図3-1のB．ビジネスレベルに該当）を担い，その上の階層である7グループが企業戦略（上記図3-1のC．コーポレートレベルに該当）を担当したうえ最上階層の本社が企業間関係を管理・調節するネットワークレベル（上記図3-1のN．ネットワークレベルに該当）の役割を果たしている。

　日立は2009年3月期，グループ全体で7,873億円（親会社単体で2,946億円）という製造業で史上最大の当期損失を計上した。これが契機になって経営改革および事業構造改革の必要に迫られたため経営陣は100日計画という「選択と集中」プランにもとづき，① 親子間の業務分野の重複を解消するため5社の上場子会社の完全子会社化，および ② 不採算事業（例えばプラズマテレビ生産事業）から撤退した。さらには社会インフラ分野やヘルスケア分野というような成長分野への資源傾斜を宣言しミッションの明確化を図った[12]。

また上記 B. C. N. のそれぞれの階層に G グローバル展開がある（上記図 3-1 の G. グローバル展開に該当する）。すなわち 2014 年度の連結売上高 97,619 億円のうち海外は 47％ の 45,895 億円であり，1990 年度の海外売上比率 23％ と比べるとその依存度が高まっていることが明らかになる。またその連結対象 996 社のうち海外は 721 社を占めている。2009 年の連結対象 943 社のうち海外連結対象 540 社であったことと比較すると 5 年間で社数ベース 184％ 増となっている。

3　親会社とグループ子会社間のエージェンシー問題

　親会社とグループ子会社間に起こるマネージメントの複雑化はエージェンシー問題を惹起する。これにつき「企業は少なくとも 2 層のエージェンシー関係により構成されている」と指摘しているのは Bolton and Scharfstein [1998] である。すなわちプリンシパルとエージェントとの間の利害の不一致，および情報の非対称性からくるエージェンシー問題が，① 伝統的な投資家（株主）と企業本社（経営者）間だけではなく，② 本社とグループ子会社間でも発生している[13)]。

3-1　エージェンシー問題の前提となるプリンシパルとエージェントとの間の利害の不一致と情報の非対称性について

　プリンシパルである親会社は企業グループの戦略を策定するが，エージェントであるグループ子会社はこの戦略を執行するという役割を担っている。しかし各グループ子会社はプリンシパルである親会社が指揮する経営戦略を逸脱したうえ，プリンシパルの利益を無視して自己の利益の極大化を図ることがある。これにより親子間で利害の不一致が生まれる。

　また親会社は子会社の過半の株式支配により子会社を事実上支配しているが，子会社が親会社戦略に沿った経営をしているかどうかを正確に把握するのは難しい。これにより情報の非対称性が発生するが，エージェントである子会社はこの情報格差を自己に都合よく利用することによりプリンシパルの利益を

無視して機会主義的に自己利益を追求する可能性がある。これはエージェントによるモラルハザードであり，非効率な資源利用行動となる。

このようなエージェンシー問題の発生を防ぐために，プリンシパルの利益からエージェントを逸脱させないようにする何らかの制度設計が事前に用意されていなければならない。その制度設計の例としては「プリンシパルがエージェントに対して適切なインセンティブを与える」もしくは「コストをかけてエージェントをモニタリングする制度を用意する」ことなどが考えられる[14]が，ここでは後者の「エージェントをモニタリングする制度」としての親子会社間の資金配分問題につき議論する。

3-2 企業グループにおける資金配分問題

もし事業部制の組織形態をとっている場合，親会社と事業部間のエージェンシー問題は資金配分問題で顕在化する。Bolton and Scharfstein [1998] は各事業部への資金の配分問題の効率性について Williamson [1970] を引用して「親会社は情報にもとづく資金供給者であるとともに，当該資金が適正に使用されていることを効果的に確認できる」ことから内部資本市場（親会社からの事業部宛資金配分）は外部資本市場に比して効率的であるとする[15]。

ところが企業グループが親子会社で構成されている場合は，エージェント（子会社）はプリンシパル（親会社）の利害から逸脱していない限り，外部資本市場（例えば借入や起債）に依存することが可能である[16]。その場合外部資本市場は効率性において優位に立つ。つまり内部資本市場における経営者による官僚的意思決定とは異なり，外部資本市場においては投資家（例えば銀行）の利益重視の観点に立った意思決定にもとづくことからより効率性が高いとみられる。

すなわち親会社からの資金の配分をめぐり，ある事業部は他の事業部と競争することになる。このとき本社（親会社）は，資金配分を各事業部門の投資機会の如何にかかわらず部門間で平等に実行するという，一種の「内部社会主義（もしくは平等主義）」に陥ることがありこれはグループ全体の成長に非効率を生む。もしそうであれば親会社からの子会社宛資金配分（内部資本市場）による効率性は，外部資本市場（借入や起債）に明らかに劣るということになる。

4　U型組織としての子会社の経済的機能

　親会社から分社化された子会社の多くは単品目生産やサービスに携わるケースが多く，U型組織または職能別組織というべき組織形態をとっている。ここでは業務執行（事業戦略）と業務計画（企業戦略）の乖離の問題は発生せず，マネージメントの複雑性は緩和されている。

　U型組織においては子会社の経営者が企業全体の状況を把握することは比較的容易である一方，その従業員は狭められた事業分野における各機能（例えば製造・販売・R&D）に特化した専門家によって事業が遂行されている。ここでは経営者は企業戦略を策定し，その戦略の執行促進のために機能別専門家の行動を調整すると同時に，独自の報酬体系を導入することにより従業員のモチベーションを高めることができる。

　そのうえ経営者はその責務である自社に課せられた既存単品目生産やサービスの効率化はもとより，事業分野の成長のためのM&Aやその成長の阻害要因となる非中核製品やその技術を排除することによりその効率性を一層促進することが可能となる。

　例えば前記した日立製作所の子会社である日立化成工業の沿革をみると，U型組織特有の企業行動であることがわかる。当社は日立製作所の化学製品部門と日立加工の統合により半導体部品と電気部品製造に特化してスタートしたが，その後非中核部門の住宅機器部門を分社化したうえ新神戸電機と日立粉末冶金を吸収合併することにより特定分野の部品製造という技術の集約によって競争力を強めた。つまり親会社である日立制作所が当社の51.2%所有のまま事業を子会社によって特定分野に集中させ，そのなかで機能別専門家に業務を委ねる事例となっている。

5　持株会社による企業戦略の機能

　持株会社は「戦略レベルの４つの階層」からみたとき企業戦略の推進のため組成される企業組織の１形態である。その組織レベルの形態としては専ら傘下の子会社の運営・管理，あるいはグループ全体の経営意思決定と監督を主たる業務とする親会社のコーポレートレベルと，その事業執行に専念する傘下の子会社との間のネットワークレベルとの双方向に仕向けする企業行動になる。

　それでは企業戦略からみた持株会社の機能にはどのようなものがあるだろうか。企業戦略の目的としての「企業再生」ならびに「攻めの経営」という２つの局面から，インフラ・プラットフォームのビークルとして持株会社を位置づけているのが林・浅田編著［2001］である。ここでは市場経済のグローバルスタンダードが浸透したことの対応として，持株会社を「企業グループ全体の資本効率を管理する戦略主体」，そして「新しい事業投資のガバナンスシステム」として位置付けする。さらに持株会社は事業執行と経営戦略とを分離することに意義があるが，それを制度化し経営者のリーダーシップを支援している。さらに，傘下子会社について，① 権限委譲とグループ全体の戦略的決定，② 独自の人事制度，③ M&A の活発化および乗っ取り防止等が可能になり産業のライフサイクルの変化に対応した機動的経営ができる。そして持株会社の経営者は事業内容に介入し，事業ミックス戦略の設計に向け「株式の売却や交換を通して新たな企業連鎖（バリューチェーン）をエンジニアリング」して，持株会社によって戦略経営を創造していく場（バリューチェーン・プラットフォーム）とする。そのうえわが国企業再生の手段として環境変化に機動的に対応しかつ企業改革を進める手段の有力なビークル（主体），かつ企業の「攻めの経営のプラットフォーム」として持株会社を位置づけている[18]。

　この持株会社をめぐる包括的な検討については次章「持株会社をめぐる諸課題」にて詳述している。

注

1) De Wit and Meyer [2005] p. 9.
2) 松崎 [2013] 76-81 ページ。
3) 河合 [2012b] 41 ページ。
4) GE のように「事業の入れ替え」による事業ドメインの変更によるコングロマリット的展開は例外的事例であり，ほかにコングロマリット的展開の例は少なく，United Technologies, 3M があげられるに過ぎない（松崎 [2013] 254-258 ページ）。
5) 米国においては，連結子会社は親会社 100％所有の完全子会社が原則になっている。
6) 松崎 [2013] 76-80 ページ。
7) Saloner, Shepard and Podolny [2001] 訳書 439 ページ。
8) 松崎 [2013] 42 ページ。なぜこのような製品のフルライン体制が一般的になっているのかということは，例えば ① 特定事業への特化ではなく事業リスクの分散を図る，② 不採算分野の切り捨ては容易でない，③ 現在赤字経営であっても将来有望部門に育つ可能性を捨てきれない等が指摘できる。長期的視野に立った経営，というわが国独自の経営風土がその前提にある。
9) これについては米国で一般的となっている特定事業へ特化している企業であれば事業戦略の追求は企業戦略と重なる，という明確な企業行動と対比して考えることができる。
10) Collis, Young and Goold [2007] pp.383-405 は本社機能にかかわる(1)各国別の現状と(2)本社の一般的な定義につき次の通り指摘している。
   (1) 各国別の現状について。
   　ドイツの 1990 年代後半時点において化学・製薬メーカーのヘキストは本社部門に 180 人しか置いていなかった一方，その競争相手であるバイエルは 7,000 人の本社要員がいたという例を引き合いに，本社の規模については各国で相違があるとし，① 米国企業において市場からの圧力により過去 20 年にわたる株主価値創造追及の過程において筋肉質な競争力のある体制づくりのためポートフォリオと本社の再編をしてきた。② 対照的に欧州の会社は官僚的でありかつ企業コントロールの変化の脅威から遮断されていることから，大きな本社が許されてきた。③ 日本企業の本社は全会一致の意思決定のレガシーの重荷やケイレツ構造による保護があるが，特に 1990 年前半のバブル経済の崩壊によりリストラの機が熟している。
   (2) 本社の一般的な定義について。
   　本社の一般的な定義として 2 つの機能として ① スタッフ機能（総務・法務・財務・経理・税務等），② 企業全体へのサービスをする責任を持つ上級経営者の 2 つとし，執行部門が事業戦略として競争に必要な活動につき責任を負うのに対して，本社は価値創造と損失回避の役割を担う。
11) 酒巻 [2000] 19 ページ。
12) 2015 年 5 月 14 日付け日本経済新聞記事。
13) Bolton and Scharfstein [1998] pp.96-97。
14) 菊沢編 [2006] 122-123 ページ。
15) Bolton and Scharfstein [1998] p.97。
16) プリンシパル（親会社）の利害から逸脱したとき，子会社は親会社からの資本の注入や親会社の完全子会社の対象となる可能性がある。親会社は所有権理論がいう資産の所有者であるがゆえに，その意思決定を子会社の承認なしで遂行できる（Bolton and Scharfstein [1998] p.107）。
17) Bolton and Scharfstein [1998] p.97。
18) 林・浅田編 [2001] 31-35 ページ。

第4章
持株会社をめぐる諸課題

　持株会社の定義としては「グループ全体を株主の視点で束ね，グループ会社の価値創造促進のため，本社は事業ポートフォリオの再構築や戦略の策定等の全体の方向性を検討する役割を果していく。一方事業子会社は事業領域での競争力構築に専念する」。つまり本社と事業子会社の役割分担を明確化し，それぞれの業務に集中することによって価値創造を可能にしようとする[1]。

　以下1997年12月の独禁法改正により解禁となった持株会社体制への移行が東証1部上場企業のなかでどれほど進んでいるのか明らかにした後，その経済的機能は如何なるものがあるのか，そのうえ今まで議論してきた親子会社関係の問題とどのような点で違いがあるかにつき検討する。

1　持株会社の現状

　現在多くの日本を代表する企業グループ，例えばNTT，JFE，キリン，JXTG等を含めて2010年4月時点では412社が経営統合や組織再編の一環として持株会社へ移行している。なお2010年12月20日時点での上場企業社数は合計2,292社[2]であることから，持株会社の東証上場企業社数412社に占める件数ベースの割合は18％となる。

　ここで東証1部業種別持株会社への移行件数からみたその特徴につき，みずほコーポレート銀行産業調査部［2010］によった表4-1により明らかにする。

　この持株会社体制への移行経緯を「分社型」，「統合型」の2つに分類したのが図4-1である。これによると，①東証上場の持株会社（412社）のうち77％の317社が分社型であり，企業内部の事業部が分権化によって生まれた子

表4-1　2010年4月末時点の業種別持株会社への移行件数

業種	持株会社への移行件数	業種	持株会社への移行件数
水産・農林業	1	輸送用機器	4
林業	2	精密機器	4
建設業	17	その他製品	10
食料品	24	電気・ガス業	0
繊維製品	8	陸運業・海運業・空運業	17
パルプ・紙	3	倉庫・運輸関連	1
化学	7	情報・通信業	49
医薬品	6	卸売業	36
石油・石炭製品	3	小売業	63
ゴム製品	2	銀行業	14
ガラス・土石製品	2	証券，商品先物取引業	16
鉄鋼	3	保険業	4
非鉄金属	5	その他金融業	6
金属製品	8	不動産業	10
機械	5	サービス業	64
電気機器	18	合計	412

（出所）みずほコーポレート銀行産業調査部［2010］4ページ[3]。

会社を傘下に置く形態である。これらの子会社の例としては，製造業での製品別事業部の分社，小売業例えばスーパーマーケットでみられる地域の販売拠点ごとの子会社，総合商社における商圏別の子会社があげられる。この形態においては，持株会社は本社機能として人事やグループ全体の戦略立案と子会社の経営管理に専心し，分権化した子会社の成長によるグループの企業価値の向上を目指す，②統合型は吸収型と対等型に分かれる[4]が，ともに企業間の経営統合による事業再編やM&Aにより本社としての持株会社にぶらさげることにより，人事面やビジネスモデルの事業部門ごとの相違をそのまま受け入れたまま組織再編をしたものである。

図 4-1 持株会社体制への移行形態別分類

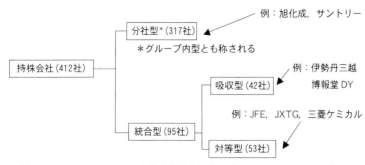

（出所）　みずほコーポレート銀行産業調査部［2010］10 ページ。ここで示されているそれぞれの社数はみずほコーポレート銀行産業調査部資料によるが，そこで例示している会社名はその典型的ケースである。

2　持株会社が固有にもつ 2 つの機能

　持株会社のもつ「経済力集中」と「組織再編」という 2 つの機能につき検討する。

2-1　経済力集中機能

　持株会社には経済力を集中する手段として，大企業同士の統合を推進させる機能があるが，このことは市場における企業数を減少させる結果につながる。つまり経済全体を寡占的なものに変えていくことの弊害のおそれがあり持株会社解禁まで長く論争が続いていた。しかし現行独禁法において「事業支配力が過度に集中することになる持株会社」は禁止となっているが，禁止 3 類型すなわち「旧財閥のような企業集団」「大規模金融機関と事業会社」「5 分野以上の相互に関連のある有力企業をもつ」というようなケースに抵触しない限り持株会社の設立は自由となっている。

　ほかに「経済力集中」機能の派生型として，水平的な統合により一部企業への市場集中による産業構造の再編が促進される業界再編機能もある[5]。

2-2　組織再編機能

　持株会社の機能と分社化やカンパニー制の機能との比較において，そのさまざまの効用は持株会社によらずとも事業持株会社[6]によって達成されるものばかりである。しかし持株会社特有の機能としてグループ内部において戦略と事業マネージメントの分離や資源配分の主体としての役割を担う「戦略本部」として位置づけが容易となり，例えば大企業間の対等合併をよりスムーズに進める手法として持株会社形態は有効である[7]。

　さらに持株会社は企業グループにおいて，傘下の子会社群を効率的に管理統括する手段としての機能をもっている。すなわち親会社を持株会社に転換することによって戦略マネージメントと事業マネージメントを分離させる，あるいは事業単位の「選択と集中」を容易にさせるなどの機能をもつ。また戦略本部としてグループ内における適正な資源配分の主体としての役割を担って，グループ全体のリストラを円滑化させうる。

　そしてこの組織再編機能の観点からみた，持株会社の導入の動機につながるわが国企業特有の背景としては，① さまざまな事業を手がけてきた多角化戦略が成功せず不採算事業に陥ったため当然に売却するべき事業でも雇用等の問題から抱え込んでいるような企業形態からの脱却，② 事業部制やカンパニー制の徹底を意図したうえ，戦略欠如と財務管理の弱さを克服しグローバル経営に脱皮する仕組みをつくる，③ 負の遺産を清算し新たな事業コアを確立するため多彩な事業を合理的に再編し，持株会社本来の強みを再生させる[8]がある。

3　持株会社にかかわる理論的枠組み

　持株会社にかかわる理論的枠組みとしては浅田［2006］[9]があるが，以下「取引費用」「裁定理論」「新システムズアプローチ」にもとづき検討することとしたい。

3-1　取引費用理論による枠組み

　企業という階層的組織は市場取引に比して検索・検証等の情報コストを未然

に防ぐことができるほか,専有資源の活用によって組織的な経済的余剰を生み出すことができる[10]。しかし自社が優位性を持つはずの資源は絶えず陳腐化の脅威に晒されることから,一定のビジネスモデルの構築・維持・改良の機能のほかに合併・買収等を含めてビジネスモデルの組み替えや更新・廃棄という機能をもつ企業組織が必要になる。

取引費用理論からみてM&Aを含めて事業モデルの組み替えや分権化したものの統合を行うための統合的機構としての組織である持株会社が,経済的機能をもつことになる。

3-2　経営者裁定理論[11]による枠組み

持株会社においては戦略立案・管理と執行を分離したうえ,持株会社が利害調整やそれに対応した資源配分の役割を果す。ステークホルダーのうち従業員および労働組合は企業からの成果に多くを依存しており長期的視野をもつ一方,短期的なスタンスは株主・債権者である。これらのそれぞれの主体の経済的利害調整を行うのが経営者である。そのうえ経済的余剰をステークホルダー間で配分するためのインセンティブシステムの設計,予算制度・内部統制制度の仕組みというようなマネージメントコントロールシステムの構造設計機能や管理システムの運用が経営者の決定事項となる。それらの経営者の外部環境に対する利害調整機能を高めるのに,マネージメントコントロールシステムの構造設計とオペレーションを分離する機能をもつ持株会社がふさわしい組織体系となる。

3-3　システムズ・アプローチ（新システム理論）による枠組み

企業グループの多様性と各事業セグメントの経済的変動の程度が高まると,それにあわせて組織の自律化のメカニズムが企業内で働く。これにより少ない資源で長期的な企業の存続と成長が確保できる。このような多様性を維持しようとする組織として持株会社には合理性がある。さらに組織デザインとしての持株会社は戦略決定・監督と執行を分離することが前提になっているが,わが国企業の持株会社ではこれらを重複させていることがしばしばみられる。持株会社のボードメンバー（取締役）が持株会社の傘下子会社の経営者を兼務させ

ることにより決定と執行の各マネージメント間の情報の共有をもたせ，執行能力に強みが保持できるようにしている。

　ここで持株会社の経営者が傘下子会社の長を兼務する兼務問題は，実務上決定と執行の各マネージメント間の情報共有という意味で有効であるが，決定と執行の分離による監督や牽制の機能を喪失するおそれがある。実務においては持株会社の経営者が傘下企業のトップを兼務する場合とそれぞれのトップを兼務ではなく分けるケースが混在しておりいまだどちらかを選択するべきかにつき評価が定着していないが，ここでは兼務にともなう問題点を指摘する。

　持株会社において執行（事業マネージメント）と決定・監督（戦略マネージメント）を完全に分離しないで重複させている事例があることにつき浅田［2006］の評価は，持株会社の戦略立案と意思決定は効果的に執行されてこそ意味があり，この関係を崩さないためには決定と執行の各マネージメント間の情報共有が必要である。そのため決定と執行を分ける意義はあるが，「持株会社には持株会社のボードメンバーとセグメント（傘下子会社）の最高経営責任者（CEO）をある程度重複させる必要がある。このような［場］が共有されてこそ組織は活性化し積極的な経営成果が期待できる[12]」としている。

　しかしこれは，内部資本市場の非効率を招く結果をもたらす持株会社と傘下子会社間においての新たなエージェンシー問題を惹起しかねない。すなわち現場をよく知っている持株会社のボードメンバーでもある傘下子会社経営者が情報の非対称性を利用して，他の事業会社が生み出すキャッシュフローを将来性の乏しい自らの事業部門へ流用するというような非効率な戦略決定に関与する可能性がある。

3-4　持株会社の取締役（ボードメンバー）と傘下子会社のトップを重複させることの問題点

　親子会社の両社のボードメンバーとなることは決定と執行の分離という持株会社の機能の原則を逸脱するうえ，子会社のガバナンス強化につながらないことから，その効果につき疑問がある。さらにこのような親会社の取締役が子会社の役員を兼務することは持株会社に限らず親子型グループにおいて現実に多くあるが，この場合親会社と子会社の兼任取締役がどちらの利益を優先するの

かという問題がある。

　浅田［2006］は持株会社の経営者が傘下企業のトップを兼務する例につき，持株会社の戦略立案と意思決定は効果的に執行されてこそ意味があり，この関係を崩さないためには決定と執行の各マネージメント間の情報共有が必要不可欠であり「親子会社間のそれぞれの取締役の兼務が適切な統治システム」という認識である。

　そこで表4-2「兼任取締役が親会社や子会社のどちらの利益を優先するかについての事例とその責任の所在にかかわるマトリックス」を作成して，各事例による兼務取締役の責任とそれによる責任の帰結につきとりまとめた。

　表4-2から次の2点が明らかになる。

（1）親会社が事実上の支配力にともない経営上の指揮をしたとき，子会社取

表4-2　兼任取締役が親会社や子会社のどちらの利益を優先するかについての事例とその責任の所在にかかわるマトリックス

事例	経営判断の内容	兼任取締役の責任	左記「責任」の帰結
兼任取締役の判断の結果 ① 親会社で損失発生 ② 子会社にも利益が発生していない	左記①が予想されていたこれにより子会社に利益が生じることにより親会社の新たな利益が創出されるまた取締役が行った経営判断がわが国経済社会の意識にも適合している	親子会社の兼任取締役は善管注意義務違反にもとづく責任を負う可能性は低い	NA
同上	親会社の新たな利益が創出される可能性が低くまた取締役が行った経営判断がわが国経済社会の意識にも適合していない	親子会社の兼任取締役は善管注意義務違反にもとづく責任を免れるための条件は厳しい	親子会社の兼任取締役は，親会社の株主から代表訴訟により責任を追及されうる
兼任取締役の判断の結果 子会社に損失が発生	子会社の利益を犠牲にして親会社の利益を優先させる	子会社取締役の立場で子会社に対する善管注意義務違反等を構成する	親子会社の兼任取締役は，子会社株主から代表訴訟により責任を追及されうる ①子会社の少数株主はこの取締役の責任追及により損害回復が可能になる，②子会社が親会社の完全子会社の場合，親会社取締役が当該子会社取締役の責任を追及できる

（出所）　河合［2012b］128-130ページの趣旨にもとづき作成。

締役としてやむをえず親会社の利益を優先した経営判断を行うことも考えられるが，この場合は善管注意義務違反にもとづく責任を負う可能性は低い。

(2) しかし兼任取締役の場合は，事実上の支配力を行使した親会社取締役とそれに応じた子会社取締役が同一人物であるため，子会社取締役としてやむをえず親会社の利益を優先した経営判断を行うということはありえず独自の判断をしたものと考えられる。そのため当該子会社取締役の責任追及が可能となる。つまり親子会社の取締役の兼任体制は，親子会社両社の取締役の兼任でないいわば所有と経営が峻別されている体制に比し取締役としての責任を負うリスクが高い構造になっている。

3-5 企業グループにおける「兼務」問題

ここでこれまでの持株会社に限定した「兼務」問題をより広く企業グループにおける「兼務」問題を取扱うことにするが，① 親子会社間の人的結合の側面からどう考えるべきか，② 兼務取締役が親会社または子会社のどちらの利益を優先するのか，と言う2つの視点から分析する[13]。

企業結合によってグループが形成されているところでは，グループを構成する法人格をもつ企業が経済的には1つのまとまった単位を形成している。そこでは企業結合を前提とした人的結合が高い頻度で活用されているのが一般的である。

この人的結合は同一企業グループ内の会社間における兼務の問題になるが，図4-2の通り親子会社での職位の種類および親から子もしくは子から親という方向性よってその意味合いは変わってくる。

人的結合Aは親会社経営管理者（取締役）による子会社経営管理者（取締役）ならびに人的結合Cは親会社経営管理者（取締役）による子会社コントロール機関（監査役）との兼務を示す。この兼任により子会社における経営環境やそれに対する戦略についての情報を直接入手することにより親会社の意思決定に直接活用できる。

人的結合Dは親会社監査役が子会社の監査役を兼務することおよびEである親会社の支配人の子会社監査役の兼任を示す。これにより子会社の事業情報を入手しそれを親会社が活用することができる。特に人的結合Dは親会社か

図4-2 親子会社間での兼任にかかわる担当職位

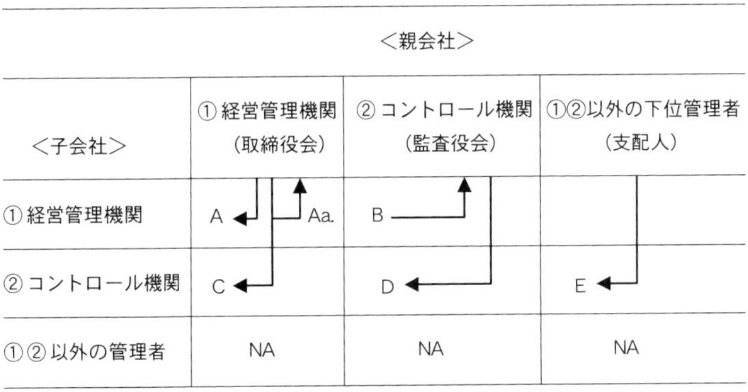

	<親会社>		
<子会社>	①経営管理機関（取締役会）	②コントロール機関（監査役会）	①②以外の下位管理者（支配人）
①経営管理機関	A　Aa.	B	
②コントロール機関	C	D	E
①②以外の管理者	NA	NA	NA

（出所）　髙橋（宏）［2014b］220ページ。

らのグループの時々の管理・監督のテーマを子会社に浸透することを容易にする。つまり親会社がグループ全体の経営戦略立案に当り，子会社の実情を正確に把握するため子会社に兼務というかたちで取締役や監査役または支配人を配置することによって親子会社間の事業政策をめぐる情報の非対称性を排除したうえ，親会社による統治を容易にする。

この逆の流れである子会社トップが親会社の取締役メンバーを兼務する，人的結合 Aa がある。これにより企業グループの視点からなされる親会社の事業政策の情報にコミットすることでグループ全体の方向性に沿った経営を子会社に浸透させるように働く。つまり子会社トップは親会社取締役メンバーを兼務することにより，親会社の取締役会での意思決定を踏まえグループ全体の中での当該子会社の立ち位置やとるべき戦略の方向性を確認することになる。人的結合 B は子会社の取締役の立場からみて，グループ全体の企業統制で何が問題になっているかを認識することができる[14]。

4　持株会社の効用とそれがもたらす企業行動の変化ついて

企業経営に関連する実務面における持株会社の具体的な効用としては次があげられる[15]。

4-1　持株会社が果す実務面の2つの効用

1つ目は効率的な内部資本市場の構築，すなわち傘下企業の収益性を明確化させることが可能である。これに加え，資金配分機能を担う部門である持株会社の経営者は各傘下企業の収益性や将来性にもとづき，各傘下企業の配当や増資などを決定することを通じて資金配分を実施することが可能となる。

2つ目は柔軟な労働条件の創出，すなわち事業単位が法的に独立した傘下企業によって担われているため，傘下企業ごとに労働条件を設定することが可能となる[16]。

4-2　持株会社という組織の採用それ自体のもつ「情報効果」

持株会社への移行がキャッシュフローを流用しないことを市場に伝える「情報効果」を有している，と主張する大坪[2005]がある[17]。すなわち経営者が規模拡大を指向する理由として，経営者が管理する資源や従業員が増大することにより名声や満足感を得ることができるだけでなく，経営者は管理する資源が大規模であればあるほどより多くの私的ベネフィットを得ることができる[18]。

しかし持株会社形態を採用する場合，親会社がこれまで直接行ってきた事業はすべて傘下企業が担うことになる。親会社である持株会社の経営者は直接的には事業活動に従事せず，直接管理する資源は主として傘下企業の株式に限定され，直接管理する資源は著しく制約されることによって親会社の経営者が得ていたベネフィットは減少する。同時に，持株会社において規模拡大ができてもその経営者が規模拡大から私的ベネフィットを得ることは困難となる。したがって持株会社の採用は私的ベネフィットを追求しない，すなわち資金の流用を行わないことを市場に伝える効果がある。

4-3　持株会社という組織形態の持つ特異性

自律的でないわが国事業部制の問題を，持株会社という組織形態が補完する方法としてさまざまなものがあるがそれらは，(1)経営の改革，(2)組織の効率的運営，(3)事業構造改革，(4)効率的財務管理，(5)制度の最適化，(6)リスクの遮断，(7)その他である[19]。

(1)経営改革の側面からみると持株会社の意義は「経営と事業の分離」[20]「資

本の論理の徹底」に集約される。

　また現状の自社事業分野から視野を広めて新たな事業機会の発見や業界を俯瞰して先端的な事業に収益機会を見出すようなことは，経営陣が執行責任を兼ねている状況では難しい。つまりこのような組織では，既存事業を超えた事業展開を指向しにくい。したがって持株会社の取締役に専従したうえ企業グループの戦略をたてその執行を子会社に委ねる。そのうえ同時にその監視をするというような経営および監視と事業執行を分離する体制をとりやすくすることができる。

　(2) 持株会社を事業再編のプラットフォームとしてとらえ，合併代替型[21]の持株会社化は合併では実現できないような企業統合を進める手段になる。また従来は吸収合併や子会社化により企業統合してきた企業においては再編にともなうさまざまなストレスを回避するために，あらかじめ持株会社を設立し被統合先をぶら下げることが可能になる。

　また資産の大きな子会社を，資産をもたない親会社が所有することが可能になる。設備を持たない親会社が企画・研究開発に集中する一方，設備を持つ中核子会社が生産するような企業グループの形成が可能になった。これにより研究開発型の事業展開がしやすい組織形態に道を開くことになった[22]。

　(3) 持株会社が企業グループ内や業界全体の事業構造改革を促進するツールとなる。例えばわが国の石油精製業界の過剰設備の削減政策のため日本石油・日本鉱業・東燃ゼネラルをJXTGホールディングスにぶらさげることによる寡占化によって業界全体の事業構造改革を実現しようとしている。

　(4) 効率的財務管理の面からみると「資本の論理の徹底」の具体論としてキャッシュフローや資金コストを意識した事業管理や企業価値の追求，そして株主に対してはROEの向上を実現する財務効率の確保が重要な目的となる。これを持株会社がグループを束ねるかたちで実現する。

　(5) 本来は事業部門で違って然るべき人事等の内部管理制度であるが，日本企業は全社共通を好む。事業部ごとの異なる制度，例えば処遇体系の弾力化，水準の是正，報酬インセンティブの導入を持株会社化によって促進する。企業は硬直化した人事制度を制約として考えこれを克服する手段として分社化等を活用してきたが，分社化後の子会社を持株会社にぶらさげることによりそれは

可能になる[23]。これにより傘下企業の収益性や業界特性に応じて企業ごとに賃金体系を決定できるが，これは米国の事業部制が行っているものと同じ行為を持株会社化により実現していると言える。くわえて M&A に際して「企業文化や給与体系が異なる企業同士を融合することは容易でないが持株会社を活用すれば経営陣を迅速に併合できる一方，実務上の融合には時間をかけることができる」[24]として経営のスピードアップのため先ず経営陣の融合を優先し，その後の全体の統合にはストレスを回避しつつ時間をかけられる。

(6) 持株会社の導入によって事業子会社の経営リスクが他事業への波及を防げれば，ハイリスク・ハイリターンへの事業への進出意欲にプラスになる。しかし持株会社は傘下子会社破綻の場合には債務の肩代わり，保証債務の履行等によりリスクの切断は実務上できない。それでも複数の事業を有していることは複数の事業リスクが同時に顕在化する確率が低いことから企業グループのリスク耐性から見た場合メリットがある。

(7) 持株会社のもとでの多角化経営では，リスクに耐えうる自己資本は個々の事業が独立している場合に比し相対的に小額で済む。よって多角化経営の ROE は事業が独立している場合と比較すると高くなりえる[25]。また持株会社の持つブランドイメージの維持により，傘下子会社が自らブランドを構築する必要がなく当該ブランドのもとでの事業展開が可能になる。

〈事例研究〉　キリンホールディングスの多角化戦略のため持株会社への移行によって組織再編を果たした事例

　ここでキリンにおける持株会社への組織改編による多角化戦略推進につきとりまとめる。キリンにおける多角化戦略には地理的多角化と製品多角化があるが，その主なものは次のとおりである。

　地理的多角化としては，① 1998 年豪州ビールメーカー・ライオンネイサンに資本参加，② 2009 年フィリピンビールメーカー・サンミゲルに資本参加，③ 2013 年伯国 Schinacarol Partcipacoes の完全子会社化がある。また非ビール分野展開のための製品多角化としては，① 2002 年中国酒，永昌源の買収，② 2002 年バーボンウィスキー「フォアローゼズ」の事業権買収，③ 2002 年武田薬品の調味料部門の買収，④ 2007 年豪食品最大手のナショナルフーズ

の買収，⑤ 2008 年協和発酵キリン発足，⑥ 2010 年メルシャンの完全子会社化等がある。

　このなかで非ビール分野への多角化の典型例である協和発酵キリンの設立については次のとおりの意義がある。

　2007 年 10 月，医薬品大手の協和発酵を連結子会社化し（キリンの出資比率は 50.1％）キリンの完全子会社キリンファーマと合弁の新会社「協和発酵キリン」を発足させた[26]。

　この背景としては，キリンは国内ビール市場の縮小を見越し，早くから非ビール分野への多角化を図り，自社のバイオ技術を応用した医療品事業に経営資源をシフトしてきた。一方，協和発酵にはキリンの豊富な資金力を活用し新薬の研究開発を進めること，さらに合併当時の時価総額が 5,500 億円であったため乗っ取りのターゲットになりかねない企業規模であること，からキリンの傘下に入りその脅威から脱却したいという目論見があり，両社の戦略の目的が一致した。この協和発酵キリンは 2007 年発足の持株会社キリンホールディングスにぶらさがるかたちになった。この組織形態によって経営の自主性や裁量権をもたせることにより，協和発酵側のモラルダウンを防ぐことが可能になる。また内部資本市場を確立することにより効率的な資金配分が可能になる。医療品は製品を世に出すまでに時間がかかることから，資金の配分につきこれは持株会社特有の機能とはいえないが企業内部でそのプロセスに精通して初めて可能になる[27]。

　これらの組織再編による多角化戦略は成功したのであろうか。この検証のため過去 12 年間のキリンホールディングス（持株会社への移行は 2007 年 7 月である）の経営指標推移（表 4-3 の通り）にもとづき分析する。

　この経営指標推移をみると，持株会社化がもつ組織再編機能を使った多角化戦略は必ずしも顕著な企業成果をあげていないことが明らかになる。すなわち，① 2008 年，売上高は海外投資の効果から 28％増加したがその後はその水準を維持するにとどまっている。② 純利益は 2008 年に顕著な改善をみせるもその後は低迷している。特に 2015 年，伯国ビール子会社の減損処理により純損失 473 億円計上を余儀なくされている。③ ROE は持株会社移行の前と後では大きな変化が見られない。むしろ移行後の 2009 年から 2011 年の間の低

表 4-3　キリンホールディングスの経営指標推移

	2005年	2006年	2007年	2008年	2009年	2010年	2011年	2012年
売上高（億円）	16,322	16,659	18,012	23,036	22,785	21,778	20,718	21,862
純利益（億円）	513	535	667	802	492	114	741	562
ROE（％）	5.6	5.4	6.5	8.1	5.2	1.2	0.8	6.2
株価収益率（倍）	25.8	33.4	23.5	14	28.9	95.4	121.5	17.3

	2013年	2014年	2015年	2016年
売上高（億円）	22,546	21,969	21,969	20,751
純利益（億円）	857	324	▲473	1,182
ROE（％）	8.5	3	▲6.3	17.6
株価収益率（倍）	16.7	42.5	NA	14.6

（出所）　キリンホールディングスのHPから引用。

ROEが目立つ（資本の増加に比して収益が上がらなかった時期である），④株価収益率（PER）[28]は2007年の持株会社移行後の時期は将来の成長性への期待が高いというマーケットの見方からPERは高くなっている。しかし2012年以降，成長性期待は減退している。

〈事例研究〉　ビール業界における持株会社化の動向

　表4-4はビールの国内需給状況を明らかにするため国内における酒類全般の販売（消費）の推移をまとめたものである。

　わが国酒類販売量は1995年前後の9,600千kℓをピークに漸減しており2010年代には8,500千kℓ台まで落ち込んでいる。なかでもビールと発泡酒合計の国内販売量は1994年の7,057千kℓをピークに長期減少傾向にあるが，そのビール販売減少を発泡酒で補完するかたちで2003年まではビールおよび発泡酒合計で6,000千kℓ台を維持していた。しかしその後は2005年の5,000千kℓ台を最後に2010年には3,417千kℓまで販売量を減らしている。前記事例研究でとりあげたキリンにおいては，2001年以降の急激な販売低落を背景に非ビール分野への展開のため持株会社への組織改編を実施し非ビール分野への進出による多角化を図ってきた。ビール専業3社（キリン，アサヒ，サッポロ）はいずれも国内市場の成熟化による総需要の中長期的減少トレンドを見込むとともに，

表4-4　酒類販売（消費）数量の推移

（単位：千kℓ）

	ビール（うち発泡酒）	清酒	焼酎	リキュール	その他	合計
1985年	4,729（4）	1,335	595	80	805	7,244
1989年	6,060（0）	1,345	492	89	554	8,540
1995年	6,938（194）	1,262	648	222	533	9,603
2000年	6,759（1,574）	977	735	381	668	9,520
2005年	5,087（1,679）	719	999	736	1,471	9,012
2010年	3,712（948）	589	923	1,754	1,537	8,515
2015年	3,417（751）	556	858	2,034	1,611	8,476

（出所）　平成29年3月国税庁課税部酒税課HPより引用。ただし1985年から5年区切りとし，1989年のみ4年区切りとしている。またビール欄はビールと発泡酒の合計数量であり，カッコ内は発泡酒の数量。

業界でのグローバルな再編の加速を想定している。そのため持株会社のもつ組織再編機能を生かすことを意図して各社のHPによると下記の通り3社ともに持株会社への移行に踏み切っている。

①キリンは2007年7月持株会社への移行。傘下事業には酒類・飲料・医薬品・健康および機能性食品の各事業会社群がある。

②アサヒは2011年7月持株会社への移行。傘下事業には酒類・飲料・食品の各事業会社群がある。

③サッポロは2003年7月持株会社への移行。傘下事業には酒類・飲料・不動産・外食の各事業会社群がある。

なおビール専業メーカーではないが酒類生産をメインにしているサントリーも2009年4月持株会社へ移行している。傘下事業には酒類・ワイン・飲料および食品・健康食品の各事業会社群がある。

4-4　持株会社に移行した企業の経営成果の変化について

持株会社に移行する企業の動機にはさまざまなものがあるが，その多くは例えば多角化の推進や主要事業のさらなる拡大を経営資源の再配分やM&Aにより実行する，というような企業組織再編に関連したものである。そこで持株会社移行により企業の事業構成や経営成果が実際に変化したのか，もしそうならどう変化したからなのかを検証することが必要になる。しかしこれまでの先

行研究は持株会社の経済的機能やそのもつ法的問題についてのいわば定性的分析が多く，持株会社への移行後どのように経営成果に変化が生じたのかについてのマクロベースの研究は少ない。ここで定量的分析を試みた大坪［2014］の実証分析を要約し，その結論についてのみ記すことにしたい[29]。

(1) 分析の対象としては親会社を持株会社とする場合，他企業とのM&Aの際に用いる「経営統合型」と親子間のグループ内で用いる「分社化型またはグループ内型」があるが，ここではグループ内型[30]の持株会社を親会社とした企業でサンプル数は144社。

(2) 分析内容は持株会社への移行という組織再編が事業再編というリストラクチャリングをもたらすという前提を置いたうえ，持株会社への移行後にどのような事業再編が実施されたのか，さらにその再編が企業成果の改善に寄与したのかを調査する。

(3) 実証分析の結果，① 持株会社移行前の親会社の事業がもともと低収益であり，移行年に近づくにつれてさらに低下している。これによって親会社の業況不振の打破のため子会社へ権限移譲して事業の推進を図るという移行の動機がうかがえる，② 持株会社への移行により親会社がこれまで行ってきた事業の割合が低下する。すなわち親会社が直接行ってきた事業の割合を低下させるという事業の再編が生じていると思われる。その結果，パフォーマンスの改善に寄与している，③ 持株会社移行前後でM&Aの件数に変化はない。つまりM&A活動を活発化するために持株会社への移行が行われるわけではない。さらに持株会社への移行により多角化が促進されているが，多角化が必ずしもパフォーマンスの改善に寄与しているわけではない。

5　欧米における持株会社の実情把握

　持株会社は各国で一般にみられる組織形態の一つであるが，その歴史や制度にそれぞれ固有の事情があり活用のされかたもまちまちである。ここで欧米の固有の事情の検証から，わが国持株会社のもつ課題への解決策として何があるのがを考える。

5-1 米国における持株会社という組織形態規制にどのようなものがあるのか

米国において持株会社設立自体には規制はないが,企業の経済活動が一連の反トラスト法すなわちシャーマン法1条,2条,クレイトン法7条,ロビンソン・パットマンズ法,連邦取引委員会法等に抵触した場合に,その行った経済活動について処置がとられる[31]。くわえて米国においては「金融業と公益事業で持株会社が多いが,これは純然たる経営の観点から持株会社形態採用の是非が判断されてきたわけではなく,もっぱら規制に沿ったための組織形態である。米国の場合,州ごとに定められた州法に則って企業は業務を遂行しなければならず,州をまたがる州際業務が禁じられていた銀行業ではそれへの対応として銀行持株会社が導入された。電力・ガスといった公益事業[32]も同じ形態である」[33]。つまり組織の頂点に戦略本部の形で持株会社形態を採用しているのは銀行業や公益事業などの「規制産業」に限られた組織形態となっている。

5-1-1 米国における持株会社衰退の歴史的経緯につきレビューする

米国において19世紀末ごろから同業各社の株式取得を通じて独占を形成することを目的として持株会社が利用された。その後反トラスト法によって独占を目的とした持株会社の利用は禁止されたが,多くの企業において独占を目的としない持株会社が出現した[34]。

米国において持株会社が多用されたのは1920年代の大企業による寡占化行動の時期ならびに1960年代のコングロマリット隆盛の時期である。持株会社の時代は2度とも米国経済や米国資本主義の構造変革期であり,この変革期における企業行動として持株会社形態が利用されてきた。

その後の1990年代の米国企業の劇的な競争力の向上は,明確な事業ドメインをもってコア事業に集中しそれをグローバルに展開するという戦略が特徴となっている。このような戦略のもとでは企業結合としてはコア事業の買収・合併と非コア事業の売却が中心的手法となったため,持株会社にするという企業形態は入り込む余地がなかった[35]。

5-1-2 米国における主要企業の組織形態別変遷と持株会社のドラスティックな減少につき表4-5および表4-6により明らかにする

表 4-5 主要企業を持株の割合に応じて分類（1929 年）　　単位：社数

持株会社*	21
親会社**（主として持株によるもの）	5
親会社**（持株と事業が半々）	8
親会社**（主として事業によるもの）	59
事業会社	4
合計	97

*純粋持株会社を指す
**事業持株会社を指す
（出所）　大坪［2005］71 ページ。

表 4-6　1940 年代以降の持株会社の利用状況　　単位：%

組織カテゴリー	1949 年	1969 年
機能別*	62.7	11.2
副次部門を備えた機能別	13.4	9.4
製品別事業部制	19.8	75.5
地域別事業部制	0.4	1.5
持株会社**	3.7	2.4
合計	100	100
推定値を抽出するための企業数	189	183

*職能部門制と同じ
**純粋持株会社を指す
（出所）　大坪［2005］72 ページ。

1929 年時点の米国企業は 97 社中 21 社が持株会社を採用し 5 社が株式の所有および支配を主な事業活動としていた。ところが 1940 年以降のデータをみると持株会社の利用割合が低くなり 1960 年代後半に至ると事業部制全盛となって 80％弱が事業部制を採っており持株会社はわずか 2％にまで減少している。

5-1-3　米国において持株会社は少数の例外的な存在であり実務上この組織は重要視されていない

Williamson［1975］によると持株会社は不完全な事業部制（M-form），すなわち事業部制が本来持つ中央統轄による調整機能を有していない組織が持株会

社であるとしてその存在意義について否定的である[36]。そして Williamson [1975] は事業部として成り立たない組織が行き着いたのが経営戦略の司令塔をもたない脆弱な体制である持株会社であるとして，戦略的統制の観点からみて持株会社から得られる成果は事業部制のそれより劣ると言う。すなわち持株会社組織においては本社と傘下企業間の統制が限られており，それは「非系統的な緩い形の事業部制」である。またマネージメント・スタイルからみて本社が傘下各社の財務諸表等を取りまとめるに過ぎない「事務局」になった場合には傘下各社は高度の自律性を享受するが，このとき持株会社はリスクプール機関の役割を果すに過ぎない。そのような持株会社が傘下事業の組み換えのため M&A をするときに要する取引コストは投資信託がポートフォリオの構成変更のため有価証券を売買する取引コストを上回るのは確かであり，それなら投資信託を組成したほうが有利ということになる[37]。

5-1-4 何故米国巨大企業において採用されてきた持株会社という組織形態が衰退し事業部制に取って代られたのであろうか

鞠子 [1971] は米国反トラストの法理論およびその判例を歴史的に検証し，反トラスト法が結果的に米国持株会社の退潮に影響を与えてきたことを明らかにした。さらに反トラスト法による持株会社規制の実質的意義を検討すると，持株会社の退潮はそのもつ経済的機能の脆弱さからくるものではなく，米国固有の政治的事情によって起こってきたものとしている。

したがってわが国の持株会社は米国のそれと別個の独立した固有の組織形態として位置づけるべきであり，持株会社固有の経済的機能を活用した戦略的経営のプラットフォームとしての「日本型持株会社」のスタイルの確立が，今後の企業成長のプロセスを通じて行われることになる。

ここで「米国においては持株会社が限定的になっている歴史的経緯」についての鞠子 [1971] の論点につきとりまとめる[38]。

(1) 米国の持株会社は「プール*」および「トラスト**」による産業支配が，コモン・ローにより禁止された代替として登場したという歴史的背景がある。その存在を否定されたトラストは持株会社を設立して，自己の保有する株式を持株会社に引き渡すことにより実質的な延命を図った。

(2) 当初シャーマン法に関する判例は，結果として持株会社の存在を容認し

た。その後ノーザン・セキュリティー事件および石油事件の2つの事件で各々の産業の支配が持株会社に言及されずにシャーマン法違反とされた。その後の判決は商業・製造業を問わず，持株会社であろうとなかろうとそれがシャーマン法の構成要件を満たす限りは違反とされた。シャーマン法2条およびクレイトン法7条は持株会社を禁止するものではないが持株会社による場合を含めた企業合同をかなり厳格に規制するものであり，持株会社はトラストの弊害を事実上承継する。その株式取得は競争会社を支配するにすぎないものであるから7条はその弊害を排除するよう規制する。その反面独占でなく取引制限にならない持株会社は例外的に認める。

(3) 米国経済で趨勢となっている経済的集中の抑制意図をもった修正7条を反映して，集中化傾向のある市場および寡占的市場においては取引制限行為はきわめて厳格に適用されている。例えばヴォンズ・グローサリー会社事件では合併後の市場シェアが10％以下であってもクレイトン法7条違反とされている。その後2つの事件（ノーザン・セキュリティー事件及び石油事件）で各々の産業の支配がシャーマン法違反とされて以降，持株会社の数は減少している。

(4) 反トラスト法はスタンダード石油をはじめとする「価格支配力をもった独占的・寡占的な企業」および「競争を制限し市場を支配するために企業合同を推進する」ことに対する政府の規制という側面が強く，その代替の企業合同の手段として設立された持株会社も同様に法による規制を受けることになった。つまり持株会社の形態を利用してもシャーマン法の適用除外とはならない。

(5) またコングロマリットの多くは持株会社形態をとっているがそれはトラスト（単一の市場を支配することにより巨大化した）の代替としての持株会社とは性格を異にし，単一の市場ではそれほど大きなシェアを占めることなく巨大化した。そしてそれ自体は必ずしも反競争的目的をもつものではないがコングロマリットそのものが反競争的活動を行うおそれは充分にあるので，それはクレイトン法7条により規制されることになった。

*プールとは共同価格政策，生産制限，割当て等の競争制限の協定のことをいう。
**トラストとはトラストの各構成企業の大株主が信託証書と引換えに株式を受託者に引渡す

ことにより受託者は全構成企業の法律上の支配者となる。

5-2　欧州ではドイツを中心に持株会社形態は重化学工業や総合型の化学企業にみられる

　ドイツにおいては上位500社のうち50社程度が持株会社である[39]が自動車を典型に単一の事業に携わる企業には持株会社形態はみられない。高橋（宏）［2007］はドイツの主要企業の持株会社制移行時期を下記の通り例示し，近時においても組織変革が進んでいることを明らかにしている。

　1989年　ダイムラーベンツ

　1994年　メタルゲゼルシャフト

　1996年　メトロ

　1997年　ヘキスト

　このうちダイムラーベンツは1980年代半ば以降合併・買収による事業の多角化を急速に推し進めてきた。具体的にはMTUの子会社化，AEGの買収，メッサーシュミット・フォッカーの買収をしたが，その多角化戦略は成功せず1997年持株会社制を解消し売却・本体への吸収・リストラにより自動車中心の経営体制に再編した[40]。ダイムラーベンツは，このような自動車単一の事業にした後再び持株会社制をとり，持株会社の傘下に乗用車，商業車，金融・サービスの各社をぶら下げる組織形態になっている。

　また伊藤（邦）［1999］は，ヘキストの1997年の持株会社への移行に至る経緯とその理由につき明らかにしている。1994年以前のヘキストは事業持株会社のもとに130のビジネスユニット，15の事業本部が存在し各事業本部の主要な意思決定はすべて事業持株会社の取締役会で行われていた。このような意思決定メカニズムは，①スピードの点でライバルに劣後する，②投資プロジェクトに対する経営責任や成果に対する評価が曖昧になる等の弊害が明らかになったことから，1994年から事業の再構築を進め15事業本部を7本部へ集約した。その後1997年化粧品等の非中核事業を分離したのち化学，繊維，プラスティック等の主要ビジネスを分社化したうえ既存の分社した企業を加え10の事業本部を傘下に収める持株会社になった。これにより本社である持株会社はグループ全体を株主の視点で束ねていくことになり，グループ内事業のどれに経営資源を配分するかなどの事業ポートフォリオの構築やグループ戦略

というようなグループ全体の戦略を考える。一方，顧客・製品・市場に近い各事業子会社は持株会社への移行により事業を展開するうえで必要となる機能はすべて移転されることからそれぞれの事業領域での競争力構築に専念することになる[41]。

注
1) 西沢編［2001］17ページ。
2) この上場企業2,292社の内訳は，東証1部1,670社，2部431社，マザーズ179社，外国企業12社である（東証HP東証上場会社情報サービス）。
3) これをみると，①金融業界のような合従連衡が進んでいる業界，②サービス・小売業のようにM&A等により急成長している業界，③企業グループ内に多くのセグメントを抱える電気機器・食料品業界等に多くの移行事例がある。しかしセグメントが1つの事業に限られている専業企業のゴム製品，ガラス・土石製品，電気・ガス業等の移行事例は，極めて少ないか皆無である。
4) 吸収型は42件であるがうち同業種は27件（例えば伊勢丹三越）および異業種は15件（例えばミスミ）である。さらに対等型53件のうち同業種42件（例えばJFE）および異業種11件（例えばJXTG）に分かれる。
5) 例えばJ-オイルと日清オイリオは持株会社化による水平統合により業界の再編成を加速させることにより，食用油の市場を2分する寡占化が実現している（下谷［2006］156ページ）。
6) 経済産業省2010年6月23日付け「今後の企業法制の在り方について（2010年）」20ページによると，上場企業を対象にしたアンケートによれば，回答した約1,000社のうち1割の企業で純粋持株会社，7割の企業で事業持株会社を頂点とするグループ経営を行っている。このうち事業持株会社は持株会社と同様に傘下に子会社を擁したピラミッド型の機構を作り出してきた。しかし事業持株会社は親会社が特定の中心的事業（本業）をもっているため傘下子会社の事業分野もまた本業からの関連的多角化分野，あるいは本業を補完支援する垂直的分野（部品供給・販売・流通等）に限定される傾向が強いが，傘下に非関連事業を多くもつことによって起こるいわゆるコングロマリットディスカウントは排除できる。しかし親会社が固有にもつノウハウやテクノロジーの範囲外の分野に迅速に進出するインセンティブが生まれにくく，有望分野への進出が同業比遅れる可能性がある。すなわち親会社の経営成果やそのもつ得意分野に引きずられ，長期戦略立案や子会社監督のスタンスにバイアスがかかるリスクを内蔵している。
7) 下谷［2006］153-155ページ。
8) ここで「事業を合理的に再編し，事業部制本来の強みを再生させるための1つのステップとしての持株会社化」という考え方は持株会社を進化の到達点とするのではなく，むしろさまざまな組織形態のひとつのステップであるにすぎないことを意味する。そのうえ，持株会社特有の機能を活用し再生が成った場合にはふたたび事業持株会社や事業部制に転換することも視野に入れている。すなわち組織成長段階が一方向ではなく双方向であるべき，という主張である。事実持株会社移行後，再び親会社が子会社を吸収合併することにより持株会社体制を解消し事業持株会社となるケースがある（岡田［1998］川越編171ページ）。その例としてオークマ（2006年，10か月で解消），富士電機ホールディングス（2011年，8年で解消）がある。
9) 浅田［2006］27-42ページ（一部加筆）。
10) 価格情報以外の例えば品質等の情報につき取引当事者間で検証に時間がかかる場合には，情報コストを未然に防ぐことができた組織こそ経済的余剰を生み出せる。この事例としてはエレクトロニクス事業に知識・情報の専有資源の活用を見出しそのドメインにシフトしたソニーがある（浅

田［2006］30 ページ）。
11) 経営者裁定とは，経営者・株主および債権者・従業員という 3 者の利害の調整，すなわち短期的指向の株主および債権者への配分比率と中長期的指向の経営者および従業員への配分比率のトレードオフを決定する経営者の役割につき考えることを指す。
12) 浅田［2006］32 ページ。
13) 高橋（宏）［2014b］218 ページ。
14) 高橋（宏）［2014b］219-220 ページ。
15) 大坪［2005］62 ページ。
16) 下谷［2009］は「組織・人事面での摩擦を回避した企業統合」の視点から合併の代替手段としての特殊会社の効用を主張している。すなわち企業文化や人事制度等が異なる企業同士の合併は組織や人事面での一体化が容易でなく摩擦が大きい。そこでそれぞれの企業を独立したままとし，それを統合する形で特殊会社を設立することにより合併にともなう組織・人事面での摩擦を回避し合併と同様の効果があげられる（下谷［2009］125-126 ページ）。
17) 大坪［2005］220 ページ。
18) ここで議論の前提となる経営者が不要な規模拡大を指向するいわゆるエンパイヤーステートビル仮説につき，余剰キャッシュフローの観点から Jensen［2003］の批判がある。すなわち大企業における所有と経営の分離以降，経営者が非効率に規模拡大を指向する傾向があることが指摘されてきた。そしてフリー・キャッシュ・フローの存在が企業の過大投資を導く。「米国企業の一部は投資過剰という点で罪深い。米国の多数の大企業が成熟・斜陽部門において売上げや収益の維持を試み，コア部門とかけ離れた多角化に邁進することによって，企業が過剰投資をしていることに疑いの余地はない。これが企業によるフリー・キャッシュ・フローの無駄である。多数の著名な企業（GE, IBM, Kodak 等）が長期にわたる過剰投資と過剰人員により多額な資源を無駄にしていることは，企業の内部管理体制の広範な失敗を反映していることを示している。このフリー・キャッシュ・フローをめぐるファンダメンタルな管理の問題が 1980 年代の企業再編活動を惹起することになった」と言い，外部借入による企業規律の確立ではなく，余剰キャッシュフローの保有は内部資本市場体制を弱め，結果的に LBO の対象になることにより負債過多企業へ陥る。これにより経済的効率性を低めた（Jensen［2003］pp.11-12）。
19) 岡田［1998］川越編 168-173 ページ。
20) この経営と事業の分離は持株会社に限られたものではなく，例えば米国の大企業では経営は社外取締役と CEO そして事業の執行は COO 以下の社員と分離されており，事業部制は経営と執行の分離ができる仕組みになっている。この点がわが国の事業部制の組織構造と大きく違っている。
21) 複数の企業が共同で持株会社を設立し経営統合を行う型のもので，その例としては川鉄と NKK が設立した JFE ホールディングスがある。
22) 野村［2003］255 ページ。
23) 小田切［2000］157 ページの「消極的分社化説」の通り，人的コスト削減のための 1 つの手段として子会社方式が採用されてきた側面も無視できない。
24) 野村［2003］255 ページ。
25) これは持株会社固有のものではなく事業部制やカンパニー制においても多角化経営につき一般的にいえるが，事業部制ではおのおのの事業の自己資本を検討しない。カンパニー制の場合でもこのような擬似資本金の配分は ROA/ROE 等の評価基準の設定に使うためであり，経営管理に使っているケースはほとんどない。
26) キリンは協和発酵キリン所有に当り資本の節約を実現（時価総額 5,500 億円の協和発酵を TOB により 50.1%分につきプレミアム付で約 3,000 億円の資金負担で支配下に置く）したが，少数株主問題は依然として残されている。協和発酵キリンは持株会社にぶら下がり経営の自主性をもつが，

親会社のキリンとの利害の不一致の影響を直接受けるのが少数株主に外ならない。
27) 当社 HP から引用，追加情報は 2007 年 10 月 23 日付および 2007 年 11 月 9 日付日本経済新聞記事。
28) PER は株価が現在の 1 株当たり純利益の何倍になっているかを表すものであり，将来利益の成長が見込める企業ほどその数字は高くなる。
29) 大坪［2014］1-22 ページ。
30) 前掲みずほコーポレート銀行産業調査部［2010］10 ページによると，すべての持株会社のうち分社化型またはグループ内型持株会社は 77％を占める。
31) その行った経済活動につき持株会社であろうとなかろうと，その競争制限行為があったときに規制の対象となる（西澤編［2001］35 ページ）。
32) 電力・ガスといった公益事業は各地域にバラバラに存在している。その中で単一のプラントとして運営できない多様な事業を 1 つの企業による支配と管理をするための手段として，持株会社形態が適切であった（前田［2012］6 ページ）。
33) 高橋（宏）［2007］137 ページ。
34) 1920 年代には，Gulf Oil, International Paper, Standard Oil of NJ, Union Carbide, US Steel 等が持株会社となった。
35) 岡田［1998］川越編 162-168 ページ。
36) 下谷［2009］95-98 ページ。
37) Williamson［1975］訳書 238-240 ページ。
38) 鞠子［1971］19-107 ページ，その要約である。
39) 伊藤（邦）［1996］285 ページ。
40) 高橋（宏）［2007］263-265 ページ。
41) 伊藤（邦）［1999］280-282 ページ。

第5章
グループ経営における経営指揮とその責任

　日本企業は伝統的に総花的経営志向が強く，各事業を成長・衰退分野の如何にかかわらず子会社に任せるケースが多い。そして親会社はその企業グループを統括するために，① 経営の機動化を中心としたグループ全体の効率化を図る，② 親会社を中心とした指揮命令系統を強化・統一する，③ 相互支援や自社の弱い分野を他社に補完させることによって相乗効果を図る。これらにより企業がグループ全体として競争力を強化しなければならないことはグローバル競争激化のなか必須の課題となっている[1]。

1　親会社の「指揮命令権」をめぐる諸問題

　親子型グループ経営においては親子会社間では，親会社による事実上の支配のもとグループ経営が行われているのが実態となっている。
　なかでも企業グループの1つの形態である持株会社は，自らは事業を営まず企業グループの支配会社としてその傘下の子会社を支配・管理を主たる業務としている。またその親会社決定に沿って子会社が適法かつ適正に運営されているかの監視・監督をし，それに反する場合はその是正処置をとることになる。したがって持株会社は傘下子会社の支配・管理のためには当然に子会社の経営を指揮する権限をもつ必要がある。しかし会社法上はこの指揮権を認めていないことから，現状は法的拘束力をともなった指揮ではなく，事実上の支配のもと持株会社と傘下子会社間の運営がなされているという実態がある。

1-1 親会社とりわけ持株会社の取締役はその権限と責任において不明確な立場にある

　持株会社の取締役は経営上の指揮に法的拘束力はないにもかかわらず，傘下子会社に対する支配・統括管理行為を行うが，子会社取締役は事実上の支配に服する状況にあることからその拘束から逃れられない。そして子会社の取締役は持株会社の指揮に従った結果子会社自身が損失を被れば責任を免れない。またこれを拒否すれば解任等の制裁を受けざるを得ないというジレンマにさらされる[2]。

　この問題は必ずしも持株会社に限られたものではなく，親子会社関係に共通したものである。この問題の前提としては，① 親子会社のそれぞれの取締役は自社の利益増大のための活動を行うことを目的としている，② 親子会社のそれぞれの取締役は，グループ全体の利益を増大するよう協働することが当然と考えられている，③ もし親会社の指揮にもとづき子会社が企業活動を行った結果グループ全体の利益が上がった場合は，「適正な経営」の実現ということがいえる。

　しかし問題は親子間で利害の不一致が起こった場合，例えば親会社取締役による不当な支配力行使によって子会社に損害が発生したとき，子会社の損失計上のみならず親会社においても保有する株式の価値の減少により自らの価値を減少する結果を招くことにある。このようなことから親会社取締役の指揮権[3]はどうあるべきかという課題が浮かびあがる。

1-2 親会社指揮権にかかわる河合［2012b］の見解は企業グループの自主的判断を尊重すべきというもの

　河合［2012b］は親会社から子会社への経営にかかわる指揮権を，法律（会社法）で規制するより各企業グループの自主的判断を尊重すべきとする。つまり親会社の取締役の指揮権につき，① 親会社の事実上の支配力への配慮が不可欠な状況においての子会社取締役の責任，② 親会社取締役の子会社に対する指揮権とそれにもとづく具体的指図，のこの2点をどう考えるかということである。いまこの2つを一対にして考えたとき「親会社取締役の子会社に対する指揮権とそれにもとづく具体的指図を明文化した場合には，子会社の独立

性，すなわち子会社に対する権限移譲にもとづく円滑なグループ経営が阻害されるという重大な問題が生じる」とする。これよりむしろ「企業グループの実態を鑑みて，親会社取締役に子会社に対する指揮権を付与するか否かは各グループにおいて判断したうえ，それを定款に反映するという定款自治に委ねるということを検討すべき」とする[4]。

さらに親子会社の各々の取締役の経営行為の公正を確保するためには違法行為をした取締役に対する事後の責任追及のあり方が重要として，①監査役による責任追及，②株主による責任追求，の2つを提唱している[5]。

現行法上，監査役による監督是正の権限として「取締役の違法行為に対する差止請求権」と「違法行為をした取締役に対する会社の訴訟代表権」があるが，この実効性の強化が求められる。

もし監査役による取締役に対する実効性のある監査・監督がされていない場合には，株主による取締役に対する責任追及がありうる。現行法上，違法行為によって会社に損害を与えた取締役に対する株主による責任追及の方法としては，①事前のものとして違法行為差止め請求権，②事後のものとして株主総会における解任権，③取締役の解任の訴え，④株主代表訴訟，⑤親会社株主による情報収集権の強化がある。

さらに持株会社ならびに株式交換・移転制度の導入により，親会社の株主が子会社の事業活動の管理・監督および調査を行うことに大きな制約を生じる「株主権の縮減[6]」の問題があり，この問題を契機として親会社株主による子会社取締役に対する責任追及が可能となる多重代表訴訟制度により対応が可能となった。

1-3 親会社指揮権への法的拘束力の付与により親子会社双方の権限と責任が明確になる

河合［2012b］の見解は実務上の見地からみた「定款自治」「監査役権限の強化」等にもとづく円滑なグループ運営を指向したものであるが，従来からこれが実効ある施策となっていなかったことが問題であると言わざるを得ない。

ここでは親子会社双方の権限と責任の明確化のため指揮権に法的拘束力をもたすべきという立場を前提に，次節以下で検討することとしたい。この立場に

立脚すると親会社指揮権により子会社は人事や資金調達にかかわる親会社判断や決定にしたがうことが要求されるだけではなく，ときには具体的な経営事項についての「指図」がなされる場合もある[7]。したがって法的拘束力があるにもかかわらず子会社取締役がそれに反した場合には，親会社の経営者は善管注意義務または忠実義務違反を理由にその解任を裁判所に提訴できる途をつくることになる[8]。

2 「自社の利益」を優先すべきか「企業グループの利益」を優先すべきか

　グループ経営における適正な経営に向けて，グループを構成する各企業においては自己の利益増大のための活動を前提に，それぞれの会社の取締役の負う善管注意義務や忠実義務は自社に向けてのものである。しかし企業グループ内においては，親子会社双方において自社の利益とグループ全体の利益が必ずしも一致しない場合が想定される。したがってグループ経営における経営指揮とその責任について考えるときグループにおける親会社および子会社の取締役は「自社の利益」を優先すべきなのか「企業グループ全体の利益」を優先するべきなのかという点を明らかにする必要がある。

2-1 「企業グループの利益」を優先すべきことが決定的な意味をもつ

　わが国の企業グループ形成の多くが事業部の分社化によってもたらされ，多くの場合分社化によって1法人となった子会社が単品目事業を担う。これによって権限移譲された経営トップやその従業員のモチベーションを高めたうえ，事業戦略と企業戦略が一致するような組織形態で成長してきた。これがわが国経済全体の活性化につながってきたという経緯があり，「自社の利益」の追求は意味のある経営行為である。

　しかし連結財務諸表を反映した企業価値の評価はグループ全体の経営成果によることから，傘下子会社による自社の利益追求の成果の集大成が企業グループの利益になるという結果をもたらす。もし子会社が自社の利益追求によりグ

ループに貢献する利益を上げており，その成果が親会社の意図するものを達成しているのなら問題はない。

しかしそうでない場合，親会社はグループ全体の利益のため不採算子会社のグループからの退出もしくは子会社間の事業分野の調整の対象としたうえ成長が見込まれる子会社にヒト・モノ・カネを集中することによりグループの利益増を図ってきた。

2-2 親会社にとっての自社の利益と企業グループの利益は一致する

現行会社法の規定は基本的に個々の株式会社ごとに定められていることから，企業グループは各グループ会社間における取締役を中心とした役員の権限と責任関係が不明確のままグループ経営を行っていかなければならない，という実態がある[9]。これが企業グループの運営に隘路となっているかどうか，について検証する必要がある。

(1) まず企業グループにおける親会社あるいは子会社の取締役の負う善管注意義務等の義務は，それぞれの会社の株主との間で委任契約を取り交わしている以上，自己が所属する会社の利益増大に向けて予定されている。

(2) 企業グループ形成のメリットは，親子会社間のシナジーによって個別企業が単独で行動する以上の利益を追求できることにある。したがって親子会社の各取締役は単独行動ではなく協働が求められている。そのため親子会社間で利害の不一致があるとき，グループ全体の利益を考慮することなく自社の利益を常に優先すべきであるとは言い切れない。

2-3 親子会社間で利害の不一致とはどういう場合なのか

会社法の規定は個々の会社ごとに定められているためグループ内においても各会社は自社の利益を優先するべきであり，各会社の取締役はそれぞれ自社の利益追求を義務付けられている。このことを前提にしたうえ具体的に親子会社間で利害の不一致はどういう場合なのか，そして各会社の取締役が善管注意義務等の違反を構成するのはどういう場合なのか。以下親会社の場合と子会社の場合に分けて検討する[10]。

2-3-1　親会社の取締役が善管注意義務違反を構成する場合がある

　親会社の利益と企業グループの利益とは，相反する関係にはないが親会社の利益を犠牲にしてグループ全体の利益を確保できる，と考えられるケースもある。それは経営危機に瀕した子会社の「救済」あるいはその「清算」の場合である。

　それぞれのケースに応じた想定される責任についての認定について表5-1「経営危機に瀕した子会社の救済の場合のマトリックス」および表5-2「経営危機に瀕した子会社の清算の場合のマトリックス」の通り取りまとめた。「救済」あるいはその「清算」のいずれの場合もその実行によって親会社に損失が発生する場合であっても，それによって親会社に新たな利益が創出される可能性が想定される場合には親会社取締役の経営判断が尊重されることになる。

表5-1　経営危機に瀕した子会社の「救済」の場合のマトリックス

	親会社のスタンス	その動機	その結果	経営判断の認定
親会社の行動パターン	親会社取締役が親会社のために行動した	この判断の動機が子会社経営の失敗を隠すことにある（取締役の保身）	救済が失敗に終わった	救済行為が高度な専門的経営判断事項である
子会社救済の必要性の態様	親会社が子会社の救済を行う必要性・メリットが具体的にある	NA	親会社取締役の経営判断の妥当性についての検証が必要	取締役の経営裁量を認める
想定される責任についての認定	忠実義務に違反しない	忠実義務違反の可能性	判例は「経営判断の原則」の適用により忠実・善管注意義務違反を否定する	NA

　（出所）　河合［2012a］3-8ページの趣旨を踏まえて作成（一部修正している）。

表 5-2 経営危機に瀕した子会社の「清算」の場合のマトリックス

	親会社のスタンス	その動機	その結果	経営判断の認定
親会社の行動パターン	親会社の負担で子会社向け債権放棄、債務の肩代わり、子会社株式の買い取りをする	子会社債務の肩代わりにより親会社に社会的信用が生じる もしくは債権者の要請等の必要性が背後にある	グループ再編のように経営資源の集中のために子会社株式の購入をする	子会社債務の肩代わりを求めてきた子会社債権者（銀行等）が親会社もしくはグループにとって重要な顧客であり、今後も良好な関係を継続する必要がある
子会社清算の必要性の態様	子会社の再建がおぼつかないため、清算により子会社の損失を確定する	NA	不採算子会社の整理・統合の場合はグループもしくは親会社に新たな利益が創出される可能性がある	この経営判断は尊重されるべき
想定される責任についての認定	損失が確定していないという点からみると清算のほうが救済策の失敗より親会社取締役が責任を免れるための要件は厳しくなる	善管注意義務違反等を免れるための要件は救済より厳しくなる	企業再編の一環としての子会社清算における親会社取締役の善管注意義務違反は否認される	善管注意義務違反に該当しない

(出所) 表 5-1 と同じ。

2-3-2 子会社の取締役が善管注意義務違反を構成する場合がある

企業グループにおける親会社取締役と同様に、子会社取締役は子会社である自社との間で委任契約を締結している。したがって子会社の取締役も子会社自身の利益追求が義務付けられる。親会社とグループ全体の利害は相反しないが、子会社の場合は親会社の事実上の支配下にあることから、両社の利害が一致しない事項が発生する場合がある。

子会社にとって、自社以外の親会社または他のグループ内企業の利益を追求することによる自社の利益増は考えられない。したがってもし子会社取締役が自社以外の親会社または他のグループ内企業の利益を追求のために行う経営行為があったなら、それは善管注意義務違反となる。この子会社自身の利益追求が義務付けられることから発生する親子間関係の利害の不一致問題をめぐって

2つの問題点がある。

　1つ目は子会社取締役の選解任権は親会社がもっていることから，子会社取締役は常に親会社の意向を配慮しつつ行動しなければならないということがある。また当該子会社の取締役は親会社からの転籍の処遇で派遣されるケースが多く，自らの経営判断で子会社を運営する余地があるとは必ずしも言えない。このため子会社取締役の経営者としてのビヘイビアは次の通り大きく2つに分れる。すなわち① 親会社の指揮命令に忠実にしたがい子会社業績の向上を実現することにより，その実績を背景に親会社への復帰を果たすことを目指す[11]，② 事実上親会社復帰が困難な場合の子会社取締役は，企業価値向上のための新たな戦略遂行よりも自己保身のためひたすら現状維持を図るという消極的スタンスをとるか，もしくは親会社の指揮命令に背反し，自らの独断にもとづく経営判断をしたうえ親会社への適正な情報伝達を懈怠することがある。この場合業績不振のときには子会社取締役は解任等のサンクションを受けることになるが，親会社にとって業績不振の事実の探知を遅滞するというリスクを抱え込む。これは親子間における情報の非対称性によるエージェンシー問題を惹起するだけでなく，企業不祥事の原因ともなる問題でもある。

　2つ目はもし子会社が独立性を有し，子会社独自の経営行為を行うことができる環境下にあった場合，たとえ子会社取締役に問題があったとしても，親会社取締役は親子会社間の人的関係があるが故に子会社取締役の責任追及を懈怠するのではないかという懸念がある。これは上記1つ目の②に記した，「親会社への適正な情報伝達を懈怠することがある」とは逆の場合である。このように親会社によって事実を探知済みであるにもかかわらず子会社取締役の責任追及を懈怠することは，グループの資産価値低下を放置するという責任・義務の放棄だけでなくグループ関係者に対する規律に悪影響を及ぼす。さらに親会社株主にとっては親会社を通じて子会社に投資している結果，企業グループに全体のガバナンスにつき利害関係を有しているにもかかわらず，問題を起こしている当該子会社の経営に対するチェックが働かないという「株主権の縮減」の問題が発生する[12]。

　そして親会社取締役による子会社取締役への責任追及の懈怠があった場合に，親会社株主が蒙った損害を回復できる手段を喪失することになりかねな

い。もしこの親会社株主にかかわる「株主権の縮減」の問題を放置すれば，親会社以外の少数株主はガバナンスがグループ全体に及ばないことによるグループの利益の低迷や破綻リスクをおそれ投下資本の引き上げというような行動さえもありうる。

このように，①企業グループ価値を上げるためには子会社のグループへの貢献が不可欠であるが，この運営にかかわる子会社取締役に任務懈怠があることが明らかになったときであっても親会社株主は親会社の事実上の支配力に頼るしかなかった，②親子間であるが故に，親会社取締役による子会社取締役への責任追及の懈怠がありうる。その場合もし親会社株主に当該懈怠に関する情報があったとしても親会社株主は親会社取締役が子会社取締役への行動，例えば取締役解任をしない場合は手の打ちようがなかった。これにより親会社株主が蒙った損害を回復できる手段を失うことになりかねない。このような場合でも親会社株主が直接子会社取締役の責任を追及する手段をもつことはグループの親子会社間での緊密な情報交換を促進させるだけでなく，支配会社と従属会社という内々の論理の横行を排除し両者間に規律をもたらす効果がある。これらのことを背景に，親会社株主が子会社取締役の責任を追及できる制度である多重代表訴訟が認められることになった。

3 「多重代表訴訟制度」の導入について

この制度は親会社株主による子会社取締役への責任追及を可能とするものであり，2014年会社法改正により新たに導入された。このあらたな制度の趣旨は「親会社株主保護の視点からみて，親会社取締役が子会社に対して不当な影響力を行使しているか否かを監視・監督する牽制機能」である。この制度により例えば子会社の役員あるいは従業員の引き起こした不祥事によって親会社に損害が発生した場合，親会社株主による子会社取締役への責任追及を可能にする[13]）。

このあらたな規制の背景としては，子会社における不祥事等が親会社を含む企業グループ全体に及ぼす事例が多発していることから子会社の怠慢経営や不

祥事等につき親会社の管理に任せておくだけでは足りず，親会社株主が子会社取締役に対して牽制手段を持つことが必要であるという要求からきている[14]。

〈事例研究〉　子会社不祥事が親会社および企業グループに多大の損失をもたらした東洋ゴム工業の子会社（東洋ゴム化工）の耐震ゴムデータ偽装事件

下記は子会社不祥事発覚後の3年間の連結決算の概要である。

表5-3　東洋ゴム工業の過去3期の決算

（連結ベース，単位：億円）

	売上高	経常利益	当期利益
2015年12月期	4,078	568	17
2016年12月期	3,816	441	▲123
2017年12月期	4,050	402	155

（出所）　東洋ゴム工業HPによる。

　2015年12月期グループ全体の売上高4,078億円のうち当該子会社の売上高は1％に満たないほど少額であったにもかかわらず，耐震ゴムデータ偽装による損失はグループ全体に多大な損失をもたらした。

　これによると2016年度12月期の当期損失123億円のうち耐震ゴムデータ偽装関連特別損失は662億円を占めている（なおこの特別損失の累計は1,134億円にのぼっている）。

　この事例は親会社の不祥事に対し親会社の取締役に対する株主代表訴訟ができるだけでなく，子会社の取締役の任務懈怠に対する責任追及の途をひらく多重代表訴訟の対象になりうるという事例を示している。ただしこの場合多重代表訴訟の限定項目のうち「子会社が親会社総資産の1/5以上の資産規模を有する完全子会社であること」には該当しないため訴訟適格を満たしてはいない。

　なお2016年，個人株主から親会社取締役が子会社不祥事を黙認していたことおよび内部統制システム構築義務を怠ったこと等を理由として取締役に対し株主代表訴訟を提起され損害賠償を請求されている（http://kabunushinokenri.com/7438/）。

3-1 多重代表訴訟制度の概念図と旧法の規定とその限界について

ここで図 5-1「「多重代表訴訟制度」の関係当事者図」ならびに表 5-2「旧法の規定とその限界との比較表」により多重代表訴訟制度導入の趣旨につき検討する。なおこの概念図の前提は親会社による子会社に対する経営のチェックの側面からみて子会社の取締役に任務懈怠があったことにより，親会社に主として子会社株価の下落により損害が生じた場合を想定している。

図 5-1 「多重代表訴訟制度」の関係当事者図

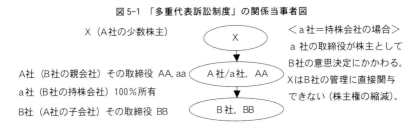

X（A社の少数株主）
A社（B社の親会社）その取締役 AA, aa
a社（B社の持株会社）100％所有
B社（A社の子会社）その取締役 BB

＜a社＝持株会社の場合＞
a社の取締役が株主としてB社の意思決定にかかわる。
XはB社の管理に直接関与できない（株主権の縮減）。

（出所）　桃尾・松尾・難波［2015］70-77 ページ（一部修正している）。

表 5-4　旧会社法における対処法とそれがもつ限界についての比較表

ケース	旧会社法のもとの対処法	左記に示した対処法の限界
少数株主Xによる子会社取締役BBに対する任務懈怠責任の追及	XによるAAに対する株式代表訴訟を提起する。訴訟事由(1) AAがBBを適切に監視していない (2) BBがB社を通じてA社にも損害を与えたにもかかわらずAAがBBの任務懈怠責任を追及せず損害を回復していない	(1) AAがBBの業務執行につきどこまで責任を持つべきかの判断は難しい (2) BBにはAAの指示に従うという法的義務はない。一方AAにはBBの特定の経営判断を強制する手段に限界がある（差止めや解任しかない）
少数株主Xによる子会社取締役BBに対する責任追及	XはBBの行為によってA社株の価値が下がったことを理由としてBBに対し直接，(1) 損害賠償責任もしくは(2) 不法行為責任を追及する	A社株の価値が下がったことが(1) 損害賠償の対象になりうるか疑問 (2) 不法行為の追及のためには権利侵害についての故意・過失の主張立証が必要

（出所）　桃尾・松尾・難波［2015］70-77 ページの趣旨を踏まえ作成。

上記旧法の限界を勘案して，親会社株主が子会社取締役に対して牽制手段を持つことが必要であるとする根拠としては次がある。

そもそも親会社（A社）が，自ら選任した子会社（B社）の取締役BBの責任を追及する訴えを提起することは期待できない。

親会社（A社）の不祥事に対し親会社の取締役AAに対する株主代表訴訟ができる。ところがB社がA社の完全子会社である場合，実態上は親会社の1部門であることが多いにもかかわらず法人格が別というだけでB社（A社の子会社）の取締役BBに対する責任追及がしにくいのはバランスがとれていない，という理由でこの制度が導入された。ただし濫訴防止のため多重代表訴訟を提起できる条件は下記の通り限定される。したがってこの新法が適用されるとしても企業グループ内での中核的子会社の事案に限られるため，事実上持株会社傘下の子会社に限定されると想定される。すなわちその限定項目としては，① 親会社（A社）の株主であること，② 少数株主権（親会社総株主の議決権の1％以上）であること，③ 子会社（B社）が親会社総資産の1/5以上の資産規模を有する完全子会社であること，④ 親会社（A社）に損害（子会社株の価値の下落による親会社が蒙った損害）が生じていること。

このような限定された条件が付いている理由は，① 例えば損害が発生した子会社を清算するというような親会社取締役の経営判断がグループ全体に損害を及ぼすものであれば，親会社株主は当該経営判断を行った親会社取締役の責任追及をするので足りる，② 子会社取締役の行為が子会社に損害を及ぼし，それが結果的に親会社の損害になったという場合は株主代表訴訟を提起すればよい，ということによってカバーできないことからきている[15]。

3-2 多重代表訴訟制度導入に伴う企業実務への効果について

図5-1のa社が持株会社の場合で考えてみるとX（Aの少数株主）にとってその株主価値に大きく影響する子会社（B社）の意思決定にかかわれず，事実上株主権の行使がa社（持株会社）の取締役選任に限られるという株主権の縮減が問題となる。この問題の解決のためX（A社の少数株主）による子会社の取締役に対する代表訴訟提起権を認めるべきという論拠になる。

この新制度導入の意義をガバナンスの観点からみて，「子会社取締役の大幅な権限移譲を行い積極的な事業運営を行わせるということならば，権限をもっている者に対しては責任追及のためのメカニズムが用意されていなければなら

ない」わけであり，この制度が子会社取締役への牽制になるという議論が制度の導入を後押しした[16]。

また米国では多重代表訴訟は判例上認められている[17]。下記は米国における多重代表訴訟の典型例である Brown v. Tenney No.65367 125Ill.2nd 348 (1988) のケースである。

図5-1「「多重代表訴訟制度」の関係当事者図」にしたがいその事件概要を記載する。これによって米国イリノイ州最高裁は「株主権としての多重代表訴訟の提起」を認めていることを明らかにしている。

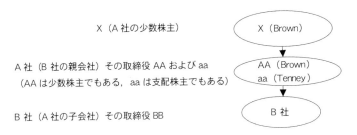

A社の少数株主 X（Brown）であり同時に取締役でもある AA（Brown）が A社の支配株主（Tenney）であり同時に取締役でもある aa（Tenney）に対し，aa（Tenney）が傘下の子会社B社の資産を私的に流用したことに対し損害補償請求をした。

そこで裁判所はX（Brown）が株主であるA社によって支配されているB社を代表して損害補償請求訴訟を提起できるとした。ただしその訴訟手続きには2つの前提がある。①A社もしくは取締役aaによって発生したB社の損害に対し訴訟提起をA社がしない，②その場合，B社に対し損害補償することを，A社を代表して少数株主X（Brown）によって訴訟提起ができる。

つまり子会社B社で発生した支配株主aa（Tenney）による私的便益の引き出しによって親会社に損害が発生した場合，親会社少数株主X（Brown）による子会社取締役BBへの責任追及を可能にするという事例である。なお，本件 Brown v. Tenney のケースの出所は下記の通りである。

http://www.leagle.com/decision/1988473125Ill2d348_1455/BROWN%20v.%20TENNEY

もしこのように米国で確立されている法制度がわが国に存在しないというこ

とになると，日米間で経済・経営的風土に違いがあるとはいえ証券市場がグローバル化している現在，外国人投資家に無用な疑念を抱かせ，資本流入の隘路ともなりかねない。これらの外国人投資家によるわが国企業への株主価値向上の要求だけではなく，日米間で法的インフラの均衡ができるだけとれていることが株投資を魅力あるものとすることにつながるはずである。このような実務上の要求から会社法の改正が実現したものと考えられる。

4　ドイツにおける体系的な企業結合規制について

　ここでドイツにおいてで独自に発展をみせた体系的な企業結合規制（企業グループ法・コンツェルン法）につき論じ，これがわが国企業グループにおける親会社指揮権の不明確さを是正する法的ルールの参考になるのかにつき検討する。

4-1　コンツェルン法という体系的な企業結合規制

　親子型企業グループは各国にみられるが，特にドイツにおいてはコンツェルンと称する企業グループに対してコンツェルン法という体系的な企業結合規制が導入されている。

　コンツェルンの定義は「私法上の独立した企業が一定の経済的統一体を形成し，統一的指揮のもとに置かれている企業グループ」[18]である。

　コンツェルンの目的には2つあり，1つ目に支配株主が自己ないしコンツェルン全体の利益を追求する場合，従属会社にはリスクがもたらされるが，これに対する保護を定める。2つ目に支配会社の指図権を定めるというようなコンツェルン内のガバナンスの枠組みを設定することにある[19]。またコンツェルンは市場の組織化（独立企業の買収により支配下に置く）と分社化による組織の市場化の2つの面をもっており，これは「企業の境界」をめぐる問題でもある。そのうえコンツェルン法は市場と内部組織の中間に位置する緩やかな組織体としてのコンツェルンに，法的枠組みを与える役割を果たしている。

　このコンツェルンという企業の結合による経済組織が国民経済的理由から望

ましい体制なのか，もしくは競争制限や過度の経済力制限のリスクからみて望ましくないのかという問題についての親会社株主および債権者のための保護規定が1965年制定のコンツェルン法である。

コンツェルン法を会社法的見地からみたとき，支配会社がコンツェルン全体の利益を従属会社の利益よりも優越させることが許されるか否か，もし許されるなら如何なる前提条件で許されるのかという問題がある。

株主権の平等原則からみて「大株主が多数株主というだけの理由でコンツェルン利益のために従属会社にとって不利益な処置をすることにより従属会社株主を害することは許されない」という趣旨から，当該株主および債権者が他の方法で保護されている場合に限り例外が認められる。この例外すなわち「従属会社の不利益のうえにコンツェルン利益が追求される」ことは，次の2つの場合のみに許される。

(1) 支配・従属会社間で支配契約または従属会社が支配会社の完全子会社化が成立しなくても，支配会社が従属会社に要求する行動が独立した会社の取締役会の立場（いわゆるアームスレングス（arm's-length）の立場）からみて異議がない限りにおいてのみ，従属会社に対する指揮権を行使することが許される。

(2) もしこの制限付き指揮権を逸脱したときは，支配会社は従属会社に対し損害賠償義務が生じる。ただし支配会社・従属会社間の取引につき従属報告書の作成を義務づけ支配会社によるその相当性の意見ならびに従属会社の監査役会による検査を経るという手続きが規定されている[20]。

これらによりコンツェルンにおける支配企業は，その影響力を背景に従属会社の取締役に会社の利益を犠牲にしてコンツェルン全体の利益の最大化を実現するよう働きかけることができる。しかしこれにより子会社の少数株主および債権者は支配株主の影響力の濫用により不利益を被るリスクを負うが，コンツェルン成立により不利益を被る者に対しこれによって生じる利益を分配する仕組みがある。具体的には支配契約締結前に従属会社の資本参加者に対して株式の買取り，もしくは配当支払いの義務づけがなされる。この制度は，既存投資家が他社による買収により自己の投資を回収しえない事態を未然に防止する。これにより投資家はその投資リスクを事前に予測できることになり，資本

市場の信頼確保につながる。さらに支配契約締結前から従属会社に債権を有していた者は，担保の提供や人的保証を求める権利を有することから債権者への信用保証が可能になる[21]。

4-2　コンツェルン形成の要因およびその経済的機能

コンツェルンがもつ，市場や合併によって実現できない独自の経済的ベネフィットについて取引費用理論にもとづき検討する。

コンツェルンにみられる他の会社を支配する仕組みは，市場取引の効率性を自ら放棄していることになる。しかし市場において取引を成立させるためには取引主体を探索し，取引条件を提示し，話し合ったうえ契約を作成し，その遵守につき監視する等の情報コストがかかる。さらにその取引相手に対し取引の継続をするためには支配コストがかかる。これらのコストを考慮すると，市場取引でなく他企業に対し継続的に影響を与えた方が有利となる場合がある[22]。

またコンツェルンにみられる緩やかな連合には取引費用の節減がみられる。すなわち支配会社は原料とか半製品の購入にあたり取引条件次第で市場取引をするのか従属会社との取引にするのか，の選択肢を拡げることができる。従属会社にとってみれば，市場との競争圧力を受けながらも企業グループの傘のなかで取引費用を節減したうえで継続的な取引により効率的な運営をすることができる。この従属会社の取引費用節減は，コンツェルン全体の費用節減につながるという意義がある[23]。

さらに企業結合にかかるコスト縮減の見地からみると，コンツェルンは例えば合併との比較において優位にあることが明らかになる。その説明のため表5-5「コンツェルン（親子型企業グループ）と合併の法的手続き等の比較表」を作成した。

これにより子会社が独立の法人格を維持していることのベネフィットが明らかになる。すなわち①親会社から切り離すことにより事業失敗リスクを回避できる，②独自の会社組織が維持され子会社の利益を最大化するという動機付けがなされる，③一般には労務費の節約を目的とした独自の給与体系が導入できるため低コスト運営が可能になる，④グローバル展開企業の法的枠組みとして，グローバル展開している事業を統一的に運営するためにはそれぞれ

表 5-5　コンツェルンと合併の法的手続き等の比較表

	コンツェルン（親子型グループ）	合併
法的手続き	会社法により取締役会の権限で他社の支配（株式買収）が可能	独禁法により合併計画の公取委への届け出が必要。会社法により被買収会社株主総会の承認が必要。合併反対株主の株式の買取り義務
他社支配の態様	会社の支配権を獲得するためには実質支配でよい	合併会社全部を取得の必要がある（支配権の獲得よりも費用がかかる）
法的ステータス	独立の法人格の維持が可能	被買収会社は法的独立性を喪失する

（出所）　高橋（英）[2007] 50ページを要約して作成。

の国の法制度に従って会社（現地法人）を設立し，国際的資本構造の形成をする必要がある。このような各国において独立の法人格をもつことは，国内にある会社と法的ステータスの側面からは同等に位置づけできる。

4-3　ドイツのコンツェルン規制はわが国のモデルとならない

これまで議論してきたコンツェルンにみられる経済的機能の優位性が認識されているにもかかわらず，「ドイツのコンツェルン規制はわが国のモデルとならない」という説が有力である。その理由として次がある。

(1) わが国の企業グループでは子会社に裁量をもたせた分権性に特徴があり親会社から子会社へのヒト・モノ・カネが供給されるという言わば親会社派生型が主流になっている。このため親子会社間の支配・従属関係を法的に規制するという必要性の認識がなく，このようなコンツェルン規制を導入することは馴染まない。また親会社はそのもつ議決権の行使で子会社を統制することから，支配の法的正当化という契約コンツェルン[24]の考え方およびその必要性は実務において認識されていない。

(2) 事実上のコンツェルン[25]には子会社の不利益予防に重点があるが，その子会社の不利益予防のためには会社法施行規則の「企業集団における業務の適正を確保するための体制」構築義務を負うことで足りるという考え方がある[26]。

5 欧州におけるグループ法制の動向について

　企業グループ全体の利益が傘下子会社の利益に優先することの重要性については前記2「自社の利益」を優先すべきか「企業グループの利益」を優先すべきか，に記載の通りであるが，あらたに「企業グループ利益」の概念を積極的に導入するEUの提言がある。これにつき検討する。

5-1　EUの将来の会社法についての提言（The Reflection Group on the Future of EU Company Law 2011）の内容

　この提言によるとグループ経営の柔軟性を促進するために個々のメンバー企業の取締役が自社の利益を上げなければならないのと同様に，「親会社はグループおよびそのメンバー企業をグループ全体の利益になるように経営する権利を有し義務を負う」とする。つまり特定の会社の利益になるかどうかに疑義があっても，グループの利益になる行為を親会社が指図したような場合にグループ全体の利益を考慮してなされたものであるならば，親子会社双方の取締役を民事・刑事責任から解放するセーフ・ハーバー・ルール（Safe Harbor Rule）を設ける。これはドイツの事実上のコンツェルン規制のように個々の事案について不利益と補填を問題にする傘下子会社の保護に向けたものではなく，むしろ企業グループ全体の構造を分析・評価したうえ傘下企業およびグループの利益との間で個々の傘下企業が公正な利益分配を受けているかどうかを問題にする[27]。

　そこでこの提言との対比のために企業グループ運営の観点からみたドイツ会社法について考察する。

5-2　企業グループ運営にかかわるドイツ会社法について

　1965年ドイツ会社法は企業グループ運営における子会社株主保護の問題を正面から取り扱っている。

　舩津［2015］によるとグループ法制（コンツェルン）立法の経緯は，① 経

済的・財政的かつ組織的にあたかもその企業の事業部門に過ぎないかのような他の企業に統合されている会社は，法人法上独立の課税対象とはならない，② この会社の損益は，これを移転する契約の締結により課税主体たる企業の損益に合算されて課税される。このような関係は子会社の親会社への富の移転を促進することになる。これは子会社の搾取につながるものであり，この契約関係を会社法上認めたうえで適切な利害関係者の保護処置を講ずるというのが 1965 年ドイツ会社法となる。これにより支配契約を基本とした契約コンツェルン規制が生まれた[28]。この契約主義に対する表 5-6 の通りの批判とその帰結にもとづき「支配契約を締結しない限り親会社による子会社への影響力の行使は認めない」というコンセプトは排除され，事実上のコンツェルンが認められることになった。

表 5-6 ドイツにおける契約主義に対する批判とそれに対処することによる帰結

契約主義の趣旨	批判の内容	代替案	批判に対処することによる帰結
契約主義の規律を行う必要性について	支配契約がない場合でも親会社の子会社に対する影響力の行使を認めた方が経済的に望ましい	事実上のコンツェルンにおける不利益補償を条件とした親会社の子会社に対する影響力行使を容認する	事実上のコンツェルンによる親会社の子会社に対する影響力行使を容認することは，契約主義を放棄することにつながる
契約主義の規律の実効性	親会社に重い責任を課しても影響力の行使の結果としての損害を証明することが困難である	支配会社による従属会社への不利益補償＊の履行を確保するための仕組みとして従属報告書を作成する	損害を証明することが困難であるから，契約主義の維持が唯一の方策となる

＊この不利益補償を怠った場合のペナルティーとして支配会社の損害賠償責任が認められ，その実効性を確保するために従属会社少数株主による代表訴訟も規定されている。
(出所) 舩津 [2015] 112-113 ページの趣旨にもとづき作成。

ただしこの事実上のコンツェルン規制について制度の非効率性が指摘され，① 契約主義の立場からみると子会社少数株主保護のための制度が不充分である，② グループの効率的な運営を目指す立場からみると厳格な不利益保障の構造が使いにくい，という批判がある。そのためドイツ法に代わる規律モデルとして 1998 年の「会社グループ法制に関する欧州フォーラム」で台頭したの

が仏国判例法理を参考とした新しい会社法の提案である[29]）。

5-3　仏国判例法理の内容[30]）

　仏国における企業グループ内取引における中心の議論は「会社財産濫用罪」といわれるものであり，これによると「悪意により会社財産を会社の利益に反して自己の利益を図るために利用した場合には，禁固または罰金に処せられる」。

　この会社財産濫用罪に対しては企業グループ活動の現実に合っていないという批判がある。例えばグループ内で破綻に瀕した会社をグループ内の他の会社が財政支援をする等グループ全体の利益のためにグループ内の会社の財産が利用されることによりその会社に損失をもたらすことは「会社財産濫用罪」の構成要件を満たすことになる，という不都合なことが起きる。

　1985年，最上級審である破毀院刑事部判決はグループ内の会社に対する財政支援が財産濫用罪とならないためには，「当該財政支援がグループ全体のために策定された共通の経済的利益に沿うもであること。そして補償を欠くものであってはならない」とした。つまり親会社からの補償が担保されるのであれば，財政支援がグループ全体の経済的利益に資するものであれば財産濫用罪を適用されないことになり，これを「ローゼンブルーム（Rozenblum）原則[31]）」と称し，この原則は1998年「企業グループ法制」にかかわる報告書に反映された。

　これによると次のような条件が満たされた場合には，取締役がグループ全体の利益の追求をしても注意義務違反とはならない。すなわち①グループが調和的かつ堅固な構造を備えている，②グループ構成会社が一貫しかつ長期的視野に立ったグループ政策に組み入れられている，③発生した不利益が合理的な期間内に利益によって補償される。

　この「ローゼンブルーム原則」を踏まえた提言として，①子会社取締役は子会社の利益に反しかねない親会社の指図に従ったとしても，「グループ利益」を追求するのである限りは責任が生じないため，安心して親会社の指図に従うことができる，②親会社は子会社に対し，親会社株主総会の同意を得て「企業グループ宣言」をすることによって子会社をその指揮に服せしめること

ができる。このような効果と引き換えに親会社は子会社倒産の場合に子会社債権者に対して責任を負い，また子会社の少数株主には退出権と配当補償が与えられる。

この提言により，グループ利益を正面から認めて立法することは子会社取締役を免責する余地があることを明らかにしている。

5-4 「グループ利益」概念を前面に打ち出した 2011 年，EU 検討グループの提言 [32]

多国籍企業が欧州の大企業の普及形態であり，その事業活動は複数の欧州内外の国々の子会社ネットワークを通じて組織され指揮されている。そのためグループの管理が大企業の中核業務となる。その管理手法は，親会社による国際事業活動におけるグループ管理の柔軟性を維持し高めることにある。

「グループ利益」概念を前提に，親会社にグループ全体の利益にしたがってグループおよびその構成会社を管理する権利と義務を与える。これにより子会社の取締役にとって当該子会社の利益に適うかが疑わしい親会社指示がある場合，子会社の取締役に対して如何なる取引や運営を承認してよいかの明確性を与えることになる。

この問題をめぐる基本コンセプトの変遷につき舩津［2015］は，①欧州においては当初，企業グループ内部において必然的に生じる親会社から子会社に対する不適切な指示や影響力の行使という問題について，子会社少数株主保護に主眼を置いて設計されたドイツ会社法をモデルとした「保護法」的規律を志向してきた，②しかしこの法制のままで経済活動のグローバル化が進行することにより，欧州域内における法の不調和がクロスボーダーでの取引コストの増大を招いているという背景がある。このことから 2000 年代に入って親会社の指示に従った子会社取締役の免責という視点を重視する発想である「授権法」への転換が唱えられている [33]。

これは子会社の利害関係者の保護よりも企業活動を優先するルールであり，国境を越えた企業活動を促進する「授権法」への収斂といえる。ただしこの議論は「保護法」と「授権法」の両論につき二者択一のうえどちらかを排除するというものではなく，従来から議論されてきた「親会社（または企業グループ

全体）の利益を優先するのか，子会社（その少数株主や債権者）の利益を優先するのか」という議論を言い換えたものにすぎない[34]。つまり両論のうちどちらの機能を重視して親会社の利益と子会社の利害関係者の利益のバランスをとるのか，という議論になる。ここから「子会社取締役に，自社の利益ではなくグループ全体の利益を追求してよい」といえるためには子会社の利害関係者に対してどこまでの保護を与えればよいのか，という問題になる。

5-5 親会社の利益と子会社の利益をいかに調整するか

この問題について，親会社の利益と子会社利益の調整方法とその判断方法につき表5-7の通りドイツの事実上のコンツェルンと仏国の「ローゼンブルーム原則」を対比して考える。

表5-7 親会社の利益と子会社利益の調整方法とその帰結

	親会社の利益と子会社利益の調整方法	左記にともなう帰結
ドイツの「事実上のコンツェルン」	不利益補償制度では１営業年度を通じた利益・不利益の通算を可能とする（それを超えるような不利益は許されない）	補償の対象となる不利益の存在自体は個別の法律行為ごとに算定する（個別主義*）
仏国の「ローゼンブルーム原則」	企業グループとしての利益が存在すれば個別の補償の存否を問題としない	グループの構造や政策といった点**のみをを問題とし，個別の取引毎の利益・不利益を論ずるのではなく，合理的な範囲で子会社の利益・不利益を総合的に考慮することを通じて子会社取締役の義務違反を判断する

* この個別主義は「グループに所属する利益」を補償の内容として認めないことを意味する。
** これらは前記した ① グループが調和的かつ堅固な構造を備えている，② グループ構成会社が一貫しかつ長期的視野に立ったグループ政策に組み入れされている，③ 発生した不利益が合理的な期間内に利益によって補償されることが想定される等のことを指している。

（出所） 舩津［2015］127ページの趣旨にもとづき作成。

この表5-7によるとドイツの「事実上のコンツェルン」は子会社少数株主保護に主眼を置いて設計された「保護法」的規律にもとづき，親子会社関係においては事後的な不利益[35]補償を条件とした子会社への不利益な指示を許すものである。ただしグループの効率運営の立場からこの不利益補償制度は使いにくい，すなわち① 個別の処置が不利益であるがそれが算定できない（その処

置の長期的影響を加味できない），②従属報告書が複雑で費用がかかりすぎるという批判がある[36]。

　一方，「ローゼンブルーム原則」は個々の法律行為・事実行為ごとに検査をするというものではなく子会社の利益・不利益を総合的に考慮することにより子会社取締役の義務違反を判断するという考え方であり，いわばドイツの個別主義にもとづく不利益補償の対極にある。つまりローゼンブルーム原則は依然として単体会社ごとの法規制の枠組みに止まるが，個別主義ではなくグループ全体の利益にも配慮したルールの実現可能性を示唆したものとなっている。

5-6　欧州の流れを背景にしたわが国法制のあり方について[37]

　欧州の議論をみるとドイツ流の「保護法」から仏国流の「ローゼンブルーム原則」のような「授権法」の枠組みへの移行がありうる。

　一方，わが国においては支配・従属関係における利益相反問題の法的ルールに関する議論は保護法の立場に立つものであるが，企業グループの運営にかかわる会社法上の子会社保護の規定の導入は見送られたままになっている。当面の間はむしろ企業グループレベルにおける内部統制体制整備義務違反を根拠に子会社が親会社取締役の第三者責任を追及する可能性が考えられる[38]。

　現在，会社法上は親子会社間取引の情報開示の充実が図られることになった。そして開示させる情報の内容次第では，親子会社間取引における規定を導入したのに等しい効果を有しうることから当面は，情報開示の充実を重視した対応にならざるを得ない[39]。

注
1）　河合［2012b］4ページ。
2）　河合［2012b］13ページ。
3）　指揮権にかかわる問題は次の3点に集約される。
　　1つ目は親会社取締役による経営指揮権であり，親会社による子会社管理は親会社の意思決定内容をグループ各社に浸透させたうえ，子会社の業務が適切に行われているか否かの監視のため，その業務内容が親会社により的確に把握されていなくてはならない。2つ目は親会社監査役による調査・監督権であり，親会社の意思決定内容が子会社によってその業務が適正に行われているかについての監視・監督が行われなければならない。3つ目は親会社株主による情報収集権であり，その監視・監督を適切に行っていくためには子会社の業務内容が親会社によって的確に把握されていなければならない（河合［2012b］10ページ）。
4）　河合［2012b］128ページ。

5）河合［2012b］165-167 ページ。
6）舩津［2010］はこの株主権の縮減につき下記2つの考え方があるとする。
　1つ目は「持株会社の形成プロセス（例えば株式移転・会社分割や子会社の設立と当該会社への事業譲渡等）を経ることによって，当該プロセスを経る前よりも親会社株主の株主権が縮減していると評価し，それに対する親会社株主保護の必要性を唱える。
　2つ目はこのプロセスの前後での縮減を問題とするわけではなくむしろ「持株会社においては利益の源泉である事業活動は子会社のみにおいて行われる。しかし持株会社株主はその事業リスクを引き受けているにもかかわらず事業に対するコントロールを行えない。これは株主の株主権がその形成プロセスを通じて縮減することを問題としていないため最初から持株会社の株式を購入した株主であっても縮減が問題となる」（舩津［2010］14-18 ページ）。
7）前田［2012］178-185 ページ。
8）取締役解任の場合，臨時または通常株主総会を開催して解任決議を得る必要があるが，それには一定の時間経過が必要になる。しかし裁判所への提訴による解任は株主総会の開催を必要としないことから，迅速な手続きが可能となる。
9）河合［2012b］1-2 ページ。
10）河合［2012a］3-9 ページ。
11）すべてのケースで親会社への復帰を果たすことを目指すわけではない。いわゆるノーリターン出向の場合も多くある。その場合でも親会社の業績悪化や不祥事による取締役の解任・辞任等による経営人材の枯渇や「傷がついていない」ことにより，親会社への復帰を果たすケースがないわけではない。
12）神作［2013］江頭編 95 ページ。
13）河合［2012b］18-19 ページ。
14）桃尾・松尾・難波［2015］71 ページ。
15）河合［2012b］181 ページ。
16）河合［2012b］170-186 ページ。
17）河合［2012b］18 ページ。
18）高橋（英）［2007］86 ページ。
19）伊藤（靖）［2009］森本編 364 ページ。
20）慶応大学法学研究会［1969］5-7 ページ。
21）高橋（英）［2007］54-56 ページ。
22）高橋（英）［2007］48-50 ページ。
23）神作［2013］江頭編 59-60 ページ。
24）「契約コンツェルン」の規制内容は次の通りである。
　①親会社が株式保有を通じて子会社の全収益の供与を受け，かつこの会社を指揮しようとする場合，利益供与契約と支配契約が締結されることにより親会社は子会社を指揮することの法的な正当性を認められ，子会社に生ずる年次損失を補填する義務を負う。
　②子会社の少数株主保護の手段としては，親会社から配当保証を得て会社にとどまる，または代償を得て会社から離脱する，という選択の権利を有する。
　③これらにより子会社の取締役は自己の会社の利益を追求する義務がある一方，コンツェルン全体の利益を優先せざるを得ないため親会社の指揮権に従う義務を負う（高橋（英）［2007］97 ページ）。
25）「事実上のコンツェルン」は契約によらないコンツェルンであり，親会社との取引により子会社に生じた欠損につき，親会社が損害賠償義務を負う。言い換えると，事後的な不利益補償を条件とした従属会社への不利益な指示を許容している。ただし不利益補償を怠った場合のペナルティーと

して「支配会社の損害賠償責任」や「従属会社少数株主による代表訴訟提起の規定」がある（高橋（英）［2007］97 ページ）。
26) 高橋（英）［2007］193 ページ。
27) 神作［2013］江頭編 83-86 ページ。
28) 舩津［2015］109-113 ページ。
29) 舩津［2015］112-113 ページ。
30) 舩津［2015］113-118 ページ。
31) 当該裁判事例の被告会社名に由来する。
32) 神作［2013］江頭編と重複している部分があるが，舩津［2015］118-120 ページの記述はより詳細である。
33) 舩津［2015］125-129 ページ。
34) 舩津［2015］126 ページ。
35) ここでいう不利益の評価に当たっては，制度上厳格な運用が予定されており個別の法律行為やその処置で計測可能なものにつき子会社に一時的に負担させることができる。
36) 個々の法律行為や事実行為を個別に取り出して検証しそれを 1 年後累計してプラスかマイナスかを算定し，マイナスがあれば補償するという作業が必要となる制度である（舩津［2015］128 ページ）。
37) 舩津［2015］129-132 ページ。
38) 神作［2013］江頭編 79 ページ。2005 年会社法改正により会社の業務の適正を確保するための体制（内部統制システム）の基本方針を決定することを明文で義務付けている。これにより親会社との不公正な取引により損害を受けた子会社の保護を図る途ができる可能性がある。
39) その主なものは次の通りである。① 会社法上，親子会社間取引は関係当事者（親会社，子会社，主要株主，役員等が含まれる）との取引として注記表に記載される，② 金融商品取引上，連結財務諸表提出会社が関連当事者との取引を行っている場合には，取引に関する重要事項を注記しなければならない，③ 東京証券取引所ルール上，事業年度経過後 5 か月以内に支配株主に関する事項（例えば支配株主との取引に関する事項や支配株主との取引を行う際における少数株主の保護の方策に関する指標に定める方策の履行状況）を開示しなければならない（北村［2010］11 ページ）。さらに 2016 年 5 月施行の改正会社法施行規則ではより踏み込み，「事業報告書において親会社等との取引についての取締役会による利益相反性の判断内容を開示すべき義務」が新設されている。

第6章
少数株主保護にかかわる諸課題

　親子会社間には親会社が大株主として子会社少数株主と共存している状況にあり，その構造上株主間の利害対立問題を内包している。もしすべての株主がキャピタルゲインを目的に株式投資をするのなら，利益を高め株価を上げるような経営者や経営戦略は株主全員の賛成を得られることになり株主間での利害対立は発生しない。しかし親会社株主は，支配権を行使することで子会社の少数株主の犠牲のもとに自己の利益を高めることがあり，この両者間には利害の対立が発生する。

1　わが国の少数株主保護にかかわる法的ルールについて

　親会社取締役による不当な支配力行使によって特定の子会社に損害が発生した場合に，当該子会社の少数株主や債権者保護のための実体的規制はない。このような子会社の損害を少数株主が回復できる手段がないことになると，たとえ少数株主であっても投資収益を目的とする純投資指向の投資家にとっては投資のインセンティブは減退する。これにより子会社自身の資金調達に隘路になりうるが，これが原因となって子会社価値が低下すると親会社の資産価値の低下にもつながる。

　親会社指示によって発生した子会社の損害につき子会社少数株主が親会社取締役に対して直接責任を追及できる法的根拠として諸説[1]があるが，実務において，これらの法的根拠にもとづいて子会社少数株主の損害回復は実現していない。これ以外に子会社株主等の保護の観点から親会社による不利益指図を防止し，それがなされた場合に損害賠償請求ができるというような明確な立法

化が必要という説があるが,実務においてそれらの法制度が行使されることは困難である[2]。

従来から従属会社が蒙った不当な損害は保護されるべきという理念は共有されており,さまざまな解釈論が学説で唱えられているが定説があるわけではない[3]。このままではグループ経営の実務において親子会社のそれぞれの取締役はその円滑な運営に支障をきたすことにもなりかねない。そのため少数株主保護の問題についての実効ある解決策はあるのか否かにつき議論する意義がある。

会社法をみると親会社の株主保護の見地に立った規定[4]が存在する。しかし少数株主保護規定は「株主平等原則」「営業譲渡や合併に関する株主総会での不公正な決議の取消権」「株式の買取請求権」「株主総会決議無効の訴え」等があるが,親会社による子会社利益の搾取を規制する法的ルールが充分には定められているとはいえない。つまり子会社の少数株主の見地に立った規制が欠けている。

ここで少数株主の保護の問題はわが国会社法上どう位置づけされるかにつき,下記表6-1にてあらためて整理する。

表6-1 少数株主の保護にかかわるわが国会社法上の位置づけ

保護の対象	規律が必要となる局面		
	形成時	運営時	株主権解消時
親会社株主	NA	①子会社取締役に対する多重代表訴訟提起権 ②特別支配株主*の株式売り渡し請求権	①組織再編行為に伴い株主でなくなった者の代表訴訟提起権 ②特別支配株主の株式売り渡し請求権
子会社少数株主	親会社株主の異動を伴う募集株式の発行	規律なし	組織再編行為に伴い株主でなくなった者の代表訴訟提起権
子会社債権者	濫用的会社分割時における権利義務の承継	NA	濫用的会社分割時における権利義務の承継

(出所) 舩津[2015]108-109ページの趣旨にもとづき作成。*議決権が9/10以上をもつ株主を指す。

これによるとわが国において「運営時の子会社少数株主保護の問題」が規律なしとなっていることが明らかになる。

2 少数株主保護にかかわる諸課題の分析

2-1 株主間利害対立の類型

　支配株主はその株主権を行使することで従属会社少数株主の犠牲のもとに自己の利益を高めることがある。これによって少数株主の利益が損なわれるとしたらこの両者間には利害の対立が発生するが，その類型としては次がある。

　(1) 親子会社間取引が親会社に有利な条件で行われる危険がある。これは私的便益の引き出しもしくは少数株主から親会社への富の移転であり，子会社の取締役は「通例でない取引」について忠実義務違反となれば会社に対する損害義務を負うことは現行会社法でも規定されている。しかし親子会社間の取引関係が公正・通例的であるか否かの判断は容易ではない。また親会社は子会社経営者の人事権を握っているため子会社の取締役は親会社から「通例でない取引」を迫られたときそれを回避することは難しく，これによる子会社での損害発生は少数株主の不利益となる。したがってこれらの問題の公正かつ包括的解決のためにはわが国現行会社法には規定の無い「親会社（支配）株主による子会社の少数株主に対する忠実義務による規律」導入が欠かせないという有力説がある[5]。

　(2) 子会社の重要な資産や営業権を親会社に有利な条件で売却する，または子会社が親会社に有利な条件で合併されることがある。ただしこの場合は株主総会の特別決議が必要であり，少数株主は余りに不公正な場合は「決議の取り消し」や「株の買取請求ができる」という救済手段がある。

　(3) 事業分野の選択やその実施につき，親会社は必ずしも子会社の利益を最大化するものを選ぶとは限らない。親会社はグループ全体のシナジーの観点から子会社に低採算事業を強いることがあるが，これにより子会社の少数株主は機会損失を被ることになる。この場合，少数株主への救済手段はない[6]。

　(4) 親会社は第三者割当増資等の金融取引を通じて，子会社少数株主を搾取することが可能である。これはファイナンシャル・トンネリングと呼ばれ，特に上場子会社を非上場化する場合に，親会社に対して大量の第三者割当増資

を取締役会決議のみで行い，結果的に少数株主の持株価値を目減りさせるという事例がある[7]。これには東証が取引所規則により一定の歯止めをかけている[8]。なお，米国においてはこのような「非公開化」の少数株主の保護法制につきデラウェア州の判例法理の蓄積があり，例えば子会社少数株主を除外しかつ親会社が子会社から利益を得るべく子会社に行動させるというような「自己取引」については信認義務違反とされている。

2-2 親会社による私的便益の引き出しにかかわる法的ルール以外の規制について

もし親会社が私的便益の引き出しを規制する法的ルールが充分には定められていないなか子会社のすべての利益を吸い上げるとしたら子会社の株には価値がなく，その株の公開は無意味となるはずである。それにもかかわらず現実には子会社上場が行われ，親会社に搾取される可能性があることを予期したうえで実際にその株を自主的に購入する投資家がいる。この背景として「親会社が少数株主を不公正に扱うような経営を実際にはしていない，ということが投資家によって信頼されているから」という説がある。

これは企業やその経営者・支配株主が服する規律は法的ルールに限らず，さまざまな市場の規律や社会規範等の法に定められていない規律が働き，それが親会社によって少数株主を不公正に扱うことに対し歯止めとなることを意味する。

その例として，① 子会社は多くの場合ある程度の企業規模があり成長性が期待される会社であり，子会社自体にも親会社と対抗する基盤があるため親会社が容易に経営に介入することができない。特に親会社や関連会社の事業とあまり関係がない分野での事業ではより独立性が発揮できる[9]ので，当該子会社の独自性とその収益性に期待する投資家はその株を自主的に購入することになる，②「評判の維持」の要求が親会社にある。つまり親会社は大企業が多く，むやみに少数株主の搾取を行うことにより自らの評判を低下させることをしない。これには心理的にもまたグループ内の他の企業や金融機関からの間接的監視が効いていることも影響している，③「人的あるいは取引上の取引関係」が規律を高める。有力な少数株主例えば金融機関が親会社と取引関係を

もっているケースが多くあり，そのうえ人的関係があれば親会社に自主規制を働かせることができる。また子会社株主と親会社が取引上の関係があれば親会社はその取引を失うことをおそれて取引先である株主を不利に扱えない[10]。

2-3 少数株主保護にかかわる公正や効率の問題

　親会社（支配株主）は，少数株主を搾取しないことを約束して投資を促すことに利益を有する。しかし将来にわたって生じうるすべての場合に対応して，子会社少数株主の取り分を特定して書くことは不可能であり，支配株主が当該少数株主を信頼させることは難しい。このような「契約の不完備性」の側面から，多数株主が投資家に対して投資のインセンティブにコミットできないため，その代替として少数株主保護のための法的ルールの導入が有効[11]という考え方が出てくる。

　この少数株主保護の問題は，① 実際に子会社への搾取が行われた場合には何らかの手段で保護すべきという法的側面からの見解と，② そのような少数株主保護規制は多数株主の意思決定を変化させたりする結果，グループ全体の効率に反することから必ずしもこだわる必要がないため，むしろ「事前（少数株主がその会社の株式を取得する前）の公正（機会の平等）は確保されなければならないが，事後（少数株主がその会社の株式を取得した後）の公正（結果の平等）は問題とすべきではない」[12]という経済学的な考え方の2つに分かれる。

　これらの法的側面と経済的側面からみた少数株主保護にかかわる「事前と事後」「公正と効率」それぞれの観点から，その相関関係につき表6-2「少数株主保護にかかわる効率と公正のトレードオフ関係」として取りまとめた。そのうえ両者の共通点ならびに融合が不可能な論点がどこにあるかを明確にする。

　少数株主保護にかかわる「事前と事後の公正の問題」について言うと子会社株式の投資家はもし子会社の利益が親会社に搾取されたと考えれば，それを反映してディスカウントされたと考える価格の場合のみ株式を買うはずである。つまり納得したうえで株を買っているので，事前の公正（機会の平等）は確保されている。このため公正の問題は発生しない[13]。

　次に「事前と事後の効率の問題」に関しては投資家は出資に見合ったリター

表 6-2　少数株主保護にかかわる効率と公正のトレードオフ関係

	事前の公正（少数株主がその会社の株式を取得する前）	事後の公正（少数株主がその会社の株式を取得した後）
経済学の立場 前提：当事者に予測能力や合理的な判断能力があると仮定する	事前の機会の平等は確保されるべき 選択の自由が事前の公正を満たす（個人の選択責任を重視する） 当事者の投資のインセンティブを損なわないために必要 ルールの内容：株主平等原則は結果の平等に偏りすぎている	結果の平等は問題とすべきではない 事後的な公正を図ろうとすると当事者の（投資）インセンティブを歪めるうえ効率を妨げる 有力説：少数株主保護規定は効率性を高めるための重要な役割を果たしている*
法学の立場 前提：予測しないで行動したことを責めることはできない	公正を維持するために必要 ルールの内容：株主平等原則	NA
（事例1）公開子会社の株を買った人が親会社から搾取された	NA	経済学の立場 搾取されてもやむをえない（投資家はその危険を承知のうえ危険を加味したディスカウントベースの株価で買ったはず）。しかしこれは効率を損なう可能性がある（リスク回避的な投資家は結果に差をつけるルールのもとでは投資しなくなる） 法学の立場 なんらかの方法で少数株主を保護すべき。事後的公正観から介入すべき
（事例2）ある公開会社の株を買った後でその会社が買収され子会社になった*	*例：2008年10月、キリンホールディングスはTOBおよび株式交換により協和発酵株51％を保有する親会社となった	経済学の立場 投資家は投資先会社が企業買収される可能性もあることを予測しているべき 法学の立場 少数株主に株式買取請求権を付与すべき
（事例3）当事者の事後的な機会主義的行動（ホールドアップ）があった	NA	経済学の立場 契約の不完備性のもと少数株主保護のルールが事前に特定されない場合、法的規制が望ましい分配をつくりだすことにより効率性が改善される 法学の立場 そもそも当事者の一方が相手の弱みにつけ込んだ再交渉を行うことは不公正である

* La Porta, Lopez-De-Silanes and Shieifer [1999] p.471.
（出所）　宍戸・常木 [2004] 166-167ページを主に、全般の趣旨にもとづき作成。

ンを期待するが，その判断基準は親会社がどうグループ経営をし，どう企業価値を向上するかにある。そして親会社が将来にわたるグループ全体の利益向上を図りそれが実現したとき，それは親子会社間の分配の問題になるだけであり効率の面でいえば当事者間では無差別ということになる。つまり「子会社が親会社の私的便益の引き出しにより低利益に陥ったとしても，グループ全体の利益の最大化が実現しているのなら効率性の観点からは問題とすべきではない。何故なら親会社の私的便益の引き出しの側面のみを問題にすると，グループ全体の価値向上というインセンティブを阻害するリスクがあるからである」[14]。

3 株主間利害対立が引き起こす非効率

親会社が子会社の経営に介入することで非効率が発生するのは，その介入の程度が一定でないことから起こる。これによって起きる問題は2つある。

1つ目は子会社の利益が親会社の介入の程度により変動して，利益の分配についてあらたな不確実性が生まれることである。この不確実性がリスクとなり株価引き下げの要因となるとともに，その結果会社の資金調達に悪影響をもたらすことから効率性に反することになる[15]。

2つ目はリスク回避的な投資家は，親会社介入の可能性を排除できない，つまり子会社が親会社に介入させないというコミットメント[16]ができない場合，すなわち結果に差をつける可能性がある企業行動に直面したとき，投資家は親子会社間の利益の配分方法に懸念をして株購入をしなくなることによる非効率がおこる。

いずれの場合においても，少数株主が株式を購入するというインセンティブを喪失したときの支配株主の受ける影響は小さくない。つまり支配株主は経営権を保持するためには現行の支配権を行使できる株式を長期間保有する必要があるが，もし当該子会社株価が下落したときは支配株主である親会社所有の子会社の持分価値を低下させるリスクをもつことになる。そのうえ子会社株価は過半数未満の株式をもつ少数株主間の売買により形成されるが，少数株主にとって退出は自由であるためその売買行動によって株価変動リスクを生むこと

がある。

　また支配株主はもし株価下落したときの対応策として，子会社株価テコ入れのため市場からの株式の追加購入により支配株比率を上げることがある。これはできるだけ少額の出資による実質支配によって資本の節約を果たす，という子会社公開の目的を逸脱する結果につながる。これと同様に親会社の取締役が子会社の管理にあたり任務懈怠により子会社に損害が生じたとき，結果的に親会社の持分価格が減少することになる。これにつき親会社株主から会社に対する損害賠償責任を追及する株主代表訴訟を起こされるおそれがある。

4　子会社少数株主問題の解決策

4-1　親子会社関係が存続している場合

　親子会社関係が存続している場合において，子会社少数株主問題への対応方法については次のようなことが考えられる。

　1つの解決方法としては，少数株主の権利の保護や分配の平等を法規制[17]の面から追求するより，株主間の利害対立にかかわる効率上の問題点を克服するためさまざまな市場の規律に委ねる。例えば，経営者へのチェック機能としての株価のメカニズムに基本的に委ねることにより，親会社が子会社に対する恣意的介入を排除するためのコミットメントがあることが効率性の観点から望ましい。そのため情報開示を主とする会計制度にリンクする柔軟化した施策を解決策の1つとする[18]。すなわち「親子間の取引条件」や「親会社による私的便益の引き出しへの歯止めに関する事項」を企業グループに予め決定させそれを開示させるという方法である。例えば財務諸表への注記事項としては次の①から④があり，それで事前の公平は十分満たされるうえ同時に効率の面からみて当事者のインセンティブを損なわせない，という考え方である。それらは，①関連当事者との取引については，取引条件及び取引条件の決定方針を記載する（連結財務諸表規則ならびに会社計算規則）②役員の兼務関係[19]の記載（有価証券報告書並びに事業報告）③支配株主を有する上場会社は，少数株主保護の方策に関する指針につきコーポレート・ガバナンスに関する報

告書のなかで開示する。そしてその指針に定める方策の履行状況につき事業年度経過後3カ月以内に開示する（それは有価証券上場規程施行規則に規定されている）。これにより投資家は親子会社間の取引につき一定の情報を得ることから、情報収集の費用を軽減できる。また情報量が増えることで予想をたてやすくなることがリスクの軽減につながり、それは同時に投資のインセンティブを高めることにもなる[20]。

4-2　事後的に親子会社関係が成立する場合

すでに親子会社関係が存在している場合だけでなく、事後的に親子会社関係が成立する場合もある。その例として、前記の通りいずれも資本参加により独立会社を子会社化することによりグループの傘下に置いた結果発足した2008年10月協和発酵キリンならびに2007年10月田辺三菱製薬がある。ここでキリンホールディングスという親会社の子会社となった協和発酵キリンの場合、例えば協和発酵の株主であった既存投資家にとって、あらたな親会社が生まれそれが今後の子会社に対する介入が適正であると信頼すべき保証はない。一定の保証なしに親会社があらたに形成される可能性があることは投資家に過大なリスクをもたらし、株購入を通した資金調達に不必要なコストを課すことになる。そこであらたな親会社に信頼が置けない少数株主は買取請求[21]によりその利益を保護することができるが、実務上何が不公正なのかの認定が困難でありさらにこれを裁判所が正しく判断し適切に執行するという保証もないという問題がある[22]。

5　公正と効率のトレードオフの側面からみた株主間利害対立の問題

株主間利害対立の問題につき、条件として次の点を満たせば公正と効率をともに実現することも可能である。すなわち、① 当事者の事前の選択を尊重する（強行法規の適用をできるだけ避ける）、② 支配株主もしくは経営者のインセンティブを損なわないよう、事後の公正もしくは結果の平等を指向するルー

ルは避ける，③ 少数株主の投資インセンティブを損なわないよう予めルールを明確化する。すなわち具体的には情報の非対称性により当事者（投資家）による合理的判断ができないことを避けるため，少数株主保護を定款に定める。または事前に支配株主から少数株主に対して，例えば「不当な搾取や介入を行わない」とか「事業分野調整後競合が起こったら損害賠償する」というようなコミットメントを財務諸表等に記載するというような，開示を中心としたシステムを構築することが有効な施策である[23]。

しかしこのような施策がなされていない状況下，親子会社株主間の利害対立が企業経営の効率性に潜在的な脅威をもたらしているにもかかわらず，子会社公開は広く行われている。またグループ経営の一端を担う独立した組織としての上場子会社の経済的・戦略的メリットも大きい。これをどう解釈したらいいのであろうか。すなわち2007年に親子上場企業数がピークをつけるまでは，① 少数株主保護をしない，もしくは軽視することを前提にして「支配株主中心の戦略経営が行われることによる効率性向上」，② 事後的な機会主義的行動をとらないというコミットメントをすることにより少数株主の投資インセンティブを高め必要な資金調達を実現する。つまり「コミットメントによる資金調達のメリット」との比較考量において ① の「支配株主中心の経営」が ② の「支配株主による機会主義的行動回避のコミットメント」を上回っていたと解釈することが可能である。

そのため少数株主から必要な資金調達を実現することにつき実効性を高めるためには，現行会社法では規定がない「事後の審査」，すなわち支配株主による少数株主に対する忠実義務違反規定の体制を構築することが少数株主の投資インセンティブの保持に欠かせないとともに，支配株主である親会社による少数株主への搾取に対する抑止力として働くことが考えられる。

6　エージェンシー理論からみた少数株主保護問題

プリンシパルである支配株主が如何に「エージェントとしての少数株主を自己の利益に沿う行動をさせるべく動機付けられるか」，がエージェンシーコス

ト抑制の主要項目になる。

　プリンシパルとしての親会社の目的は，事業部の分離によってエージェントとしての子会社経営者に自律のインセンティブを与えると同時に親会社はコア業務に専念できるというグループ経営の推進にある。これにより子会社は株価により企業価値および企業成果を計測できる一方，分社化による内部資本市場の分断により資金の流用を防止出来るというメリットがある。このような利益相反の可能性が最小となる仕組みづくり，すなわち法制度や明示・黙示の合意の枠組みにより，エージェントが自己利益追求を第一義に考えてとる行動が同時に本来の目的を達成する最善の手段であるような状況，をつくりだせば問題は解消する[24]。

　例えば，子会社が親会社に有利な条件で合併されるという事例を考えてみる。この場合買取価格のプレミアム決定に当たって，親会社には交換比率を下げようというインセンティブが働くことがある。これは少数株主の利益を犠牲にして自己の利益を追求することから発生する契約後の機会主義の一形態であって，両者には利害の不一致がおこる。さらに，親会社は大株主として子会社取締役の選任などを通じ子会社の経営状況に関する内部情報の入手が可能であり，情報の非対称性による少数株主の有する情報との質的・量的な差は大きいことから少数株主が同様のことをしようとすればモニタリングコストが禁止的に高くなる。このような契約後にエージェントが隠れた行動を行うことにより生じる非効率な現象はモラルハザードであり，これによって発生するコストであるエージェンシーコストを事前に抑制するためにさまざまな制度や政策が準備されることになる。

6-1　支配株主のコミットメントが難しい状況のときの代替としての法制度

　投資家は将来支配株主からどのような扱いを受けるか不明確な場合，株式投資をためらう。そのため支配株主としても少数株主を搾取しないことを約束して投資を促進することに利益を有するが，将来にわたり生じうるすべての場合に対応して契約に書くことは不可能であり支配株主が少数株主を信頼させることは難しい。そのような支配株主がコミットすることが難しい状況にあるとき，その代替として法制度が存在意義をもつ。その場合，例えば情報開示を主

とする親子会社間のコミットメントによりこれを改善する余地がある，と同時に契約の不備にともなう情報収集コスト，契約作成費用や契約のエンフォースメント費用等の取引費用の軽減も可能になる[25]。

図6-1は少数株主保護の問題につき，法的ルールの有無による株式市場の変化をみたものである。

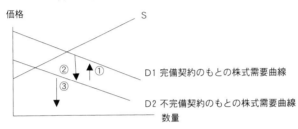

図6-1 株式市場と少数株主保護の相関関係

(出所) 福井 [2007] 159 ページ。

ここで需要曲線 D2 は情報収集費用・契約作成費用・契約のエンフォースメント費用等の取引費用，すなわち「保護を得るための取引費用」がかかる分，それらの費用がかからない完備契約 D1 と比較すると価格が下落する。そのため下方にシフト（図6-1内②の通り）する。なおこの D1 と D2 の差異は，将来何が起こるか予測できないという不確実性によっておこる費用でもある。

もし少数株主保護のための法的ルールが確立して取引費用を軽減することができれば価格は上昇し，D2 は上方にシフト（図6-1内①の通り）する可能性がある。このことは法的ルールが契約の不備を補完することによって，少数株主保護のための契約を書くための費用負担を削減することが可能になることを意味する。これによって，将来の不確実性が軽減することに確証を得た少数株主からの資金調達は可能になる。逆に少数株主がその権利・利益が搾取されていると判断したときは，投資家（少数株主）が株式購入をしないという選択をすることはありえる。そのため不確実性の高まりにより取引費用が増えて需要曲線 D2 は下方にシフト（図6-1内③）する可能性さえあり，それによって資金調達の効率性は失われる[26]。

ここで少数株主を保護しないことが，企業運営の効率性に合致することはあ

りうるが大株主を優遇し少数株主を保護しないという選択肢は現行の少数株主保護規定に抵触する限りは不可能となる。そのため大株主のみによるコントロール下で企業運営を行わせ、これにより企業価値最大化を図るという戦略はとれなくなる。もしこの戦略を貫徹しようとするならば、支配株主が少数株主との意見調整に失敗して支配株主中心の戦略経営ができないことによる非効率が明らかになったときの判断の1つとして、少数株主を締め出すために完全子会社化を図る選択肢がある。

6-2 少数株主が搾取されていると判断したときの、支配株主に対する少数株主への忠実義務による規律について

少数株主が搾取されていると判断したとき、少数株主が損害賠償請求を提訴できるという法的ルールがあれば契約のエンフォースメント等の取引費用の削減が可能となる。ただしこのあらたな法的ルールから生じる提訴費用やその予防のためのガバナンスコストの上昇は避けられない。

米国においてはこの忠実義務規定とクラスアクションの存在により、親会社が上場子会社を維持する訴訟リスクは高い。したがって親会社の経営者は子会社の少数株主から何時提訴されるかもわからない状態を続けたくないという心理に陥る。このことが米国のエクイティーカーブアウトが短期を前提にし、上場後株式市場の反応をみてスピンオフするのか買戻しして完全子会社化するのかの選択をするという企業行動をとらせる有力な理由のひとつになっている[27]。例えばエクイティーカーブアウト時の売り出し価格以上の株価パフォーマンスの場合はその独立した会社のもとの会社の株主に分配する（スピンオフ）ことにより株主に報いる。それとは逆に上場後の株価パフォーマンスが悪い時は、資本市場から株式を買い戻すことにより市場の劣悪な評価を断ち切ることになる。

なおこの短期のエクイティーカーブアウトの例外、すなわち長期にわたるカーブアウトは1997年に起こった多角化企業Thermo Electronのケースがあるが、結果的に当社は10年後に他社との合併によって消滅した。その経緯をみると、米国においては長期にわたるカーブアウトは成立しないイベントであることが明らかになる。すなわち1997年、Thermoは各事業部をカーブアウ

トし7つの子会社を上場した。それらをさらにカーブアウトし15社（孫会社）を上場した。この意思決定の理由は子会社経営者の責任体制の確立と株式市場の評価に委ねやすい組織体制にあった。この戦略は暫く順調に推移し、株式市場の反応も肯定的であった[28]。しかしこの複雑な企業組織は非効率をもたらすことが明らかになったことからその戦略を転換し、2000年Thermoはそのほとんどを完全子会社化し一部をスピンオフした。カーブアウト後約10年を経緯した2006年、Thermoは他社と合併してその歴史を終えている。

7　子会社少数株主保護を目指す立法の必要性について

わが国会社法は親会社の株主保護の見地に立った規定[29]が存在するが、子会社の少数株主保護の見地に立った規制が欠けている。それではわが国において、子会社少数株主の保護を目指す立法が必要なのであろうか。もしそうだとしたら、どのような立法を実現するべきなのであろうか。

7-1　支配株主による従属会社に対する不利益指図から従属会社をどのように保護するか

企業グループに属するメンバー企業間取引や支配株主（親会社）による従属会社（子会社）に対する不利益指図から従属会社をどのように保護するかという問題がある[30]。これについては親会社が事実上の支配権をもとに子会社の財務および事業の方針の決定を支配している実態から、「親会社取締役は子会社との不公正取引によって子会社に損害を与えるべきではないという一般的な法規範があって然るべき」という主張がある[31]。すなわち親会社が子会社の利益を犠牲にして自己の利益を図ろうとするおそれがある場合にどのように防止するのか、というような子会社少数株主の保護のための法的規律を充実する必要があるというコンセンサスはある。しかし議論は次の2つに分かれ、その方向性が定まっていないまま結論が先送り状態にある。

1つ目は親会社に子会社に対する誠実義務もしくは信認義務といった法の一

般法理を用いて，子会社が経済的に独立した会社として行動することを確保しようとする。2つ目は個々の会社を超えたグループ全体の利益を考慮し，親会社の行為規範として捉えるというものである[32]。これは親会社が議決権を背景とした不当な影響力の行使により，子会社に損害を与えた場合の親会社の責任をどう考えるかの問題である。

1つ目の「法の一般法理」を用いる方策として，現行法では十分ではない子会社株主の保護のための規律として米国[33]においてみられるような支配株主の忠実義務等の一般規定を設けて，親会社の支配株主の行為を規制する方向性が考えられている。しかしこれは，①グループ経営の制約となる，②裁判規範としての妥当範囲が不明確である，等の見解がありいまだ結論が出ていない[34]。

これは少数株主の単独株主権による牽制の道がないことを示しているが，当面の間現行法で可能な表6-3の「子会社株主が可能なアクション」に記載した，①子会社取締役への子会社に対する損害賠償責任，および②親会社取締役への子会社取締役の善管注意義務違反へ加功したことによる債権侵害の不法

表6-3 現行会社法のもとでの子会社少数株主保護対応策の一覧

	現行法下の状況	子会社少数株主保護の対応策
親子間取引または親会社による不当な行為	親子会社間で非通例的取引が行われた 親会社による競業・会社機会の奪取があった	NA
子会社取締役の立場	子会社取締役がその取引による損害が補償されていないことを認識している	同左の認識にとどまる
子会社株主が可能なアクション	子会社取締役に対し善管注意義務違反を理由に違法行為差止請求，もしくは子会社に対する損害賠償責任を追及可能である	親会社取締役は子会社取締役の善管注意義務違反へ加功したことによる債権侵害の不法行為責任を負う（これは解釈論による）
規定の有無	子会社自体（通常あり得ない）や子会社株主が親会社に対して子会社不利益についての補償を求めるための直接的規定がない	補償を求めるための規定が無く対応策はない

(出所) 村中［2014］北村・高橋（英）編著132-133ページを要約して作成。

行為責任を追及する，ことによりその保護を図ることに限定されている。また親子会社間の非通例的取引および親会社による子会社への競業・会社機会の奪取があった場合でも，子会社少数株主が親会社に対して子会社不利益についての補償を求めるための直接的規定が無いことも問題となる。

2つ目の「個々の会社を超えたグループ全体の利益を考慮し，親会社の行為規範として捉える」方策は，むしろグループ全体として如何に健全性を確保する制度，すなわち企業グループとしての内部統制にかかわる体制整備の構築をするか，の視点が重要という考え方である。そこで親会社取締役に子会社に対する不当な支配力を行使させないために，「親会社における社外取締役の導入」，「グループ監査役会の運営」，「グループ全体としての内部通報制度の設置」等の親会社の側からの抑止・牽制手段が必要と提言されている[35]。しかしこれによって子会社少数株主保護に実効性があるかどうかについては，すべてが親会社の意思に依存しており牽制手段が構築されていないことから疑問がある。

2015年5月施行の改正会社法では主として「内部統制体制整備義務，すなわち親会社の取締役会に子会社や海外拠点を含めた連結ベースの内部統制システムを構築する義務を課すこと」および「親会社の株主が直接子会社役員の責任を一定の条件付きではあるものの株主代表訴訟で追求できる「多重代表訴訟制度」」が導入された。これにより取締役は従来以上に裁判などで子会社や海外子会社（現地法人）の統制の不備につき責任追及を受けやすくなるリスクを抱える。

また東京証券取引所は上場企業および機関投資家に責任ある行動を求めるとともに企業価値の向上という目標実現のため企業が自主的に取り組むべき2つのコード（規範）を策定した。1つは2014年2月策定のスチュワードシップ・コードであり，「機関投資家に投資先企業との対話のうえ議決権行使で明確な方針をもつこと」を求めている。もう1つは2015年6月策定の企業統治コードである。これは例えば「2人以上の社外取締役の選任等につき企業統治報告書の東証宛提出を義務付け」している[36]。

これらの企業統治およびスチュワードシップという2つのコードの導入は，わが国の株式市場における外国人持株比率の増加による存在感の高まりととも

に企業に資本効率の改善を求める声が強くなることが予想される。

また改正会社法により日米の企業統制や法的ルールの近接が実現したが，反面これにより子会社取締役は裁判などで子会社等の統制の不備につき責任追及を受けやすくなり，法的リスクが高まることになった。この帰結として企業戦略と法的リスクとのトレードオフを考える必要が出てくる。すなわち親子関係を維持したまま親会社利益追求を先鋭化した場合，法的リスクが一段と高まることが想定される。このトレードオフ関係を脱却するためには少数株主を締め出す，すなわち完全子会社化する方策があるが，これにより資本の節約機能は減少するという側面は無視できない。

7-2 親子会社間の利益相反行為に対応した新たな提言

わが国企業はグローバルスタンダードでもある株主価値重視の経営を迫られているという背景からその企業行動が短期的視点にもとづく傾向にあり，親会社が短期的な利益を得るために子会社に不利な契約を押しつける等の機会主義的行動に走るリスクは高まっている。その親会社の利益のために子会社を搾取することに対してのサンクションが法律によって明確化されるべき[37]，という有力説もある。

これらの利益相反行為に対する対策および子会社少数株主の投資インセンティブを維持するための方策として，親会社による子会社少数株主に対する忠実義務規定をつくる必要性が唱えられている。これは少数株主が提起する利益相反による損害の内容を事後的に審査したうえ，親会社に対し損害賠償の訴えができる途をつくるものである。

すなわち「事前の手続き」としてさまざまな市場の規律等のメカニズムに基本的に委ねる。法的ルールとしては親子間の取引条件や親会社による私的便益の引き出しへの歯止めに関する事項を企業グループに予め決定させ，それを開示させる[38]。そして「事後の審査」として支配株主による少数株主利益の搾取を規制するために，忠実義務[39]によって規律する新たな会社法の規定をおく。またもし親会社の不当な指示にもとづく子会社の行為によって子会社自身やその少数株主（あるいは債権者）が損害を被る場合，事後的に親会社の責任を救済できる制度がなければ親会社による子会社への不当な影響力の行使を防

止することができないという，いわば抑止力の観点からの批判もある[40]。

　しかしこの「子会社の少数株主保護」や「子会社の債権者保護」のための実体的会社法上の新たな規定については賛否両論があり，議論の方向性が定まっていないが，筆者は「子会社少数株主に対する忠実義務を規定すべき」とする下記宍戸・新田・宮島［2010］（下）説に賛同する。

　この問題に対する慎重論としては，河合［2012b］がある。これによると，① 親会社経営者がこのような子会社の少数株主が親会社に対し損害賠償請求を提訴できることになるとその訴訟リスクを嫌い，子会社上場という選択肢をとるインセンティブを阻害するという危険性がある。このような親子上場の使い勝手を悪くする可能性がある法改正には慎重であるべきである，② 実務上の観点からみたとき，たとえそのような子会社保護のための立法化がなされたとしても，子会社株主による親会社や親会社取締役に対して責任追及ができる代表訴訟提起権行使のためには，例えば子会社取締役によって親会社による支配的影響力行使の実態を明らかにすること，そしてそれを監査役が監査するというような手続きが必要になる。しかし実際に子会社および子会社取締役がそれを行使できるかとなると困難といわざるを得ず，立法による実効性がない。

　これに対して宍戸・新田・宮島［2010］（下）は親子上場に限定したうえ次の通り，支配株主による少数株主利益の搾取を会社法の忠実義務規定によって規律するべきとする。それによると，① そもそもわが国企業グループは親子上場を経済効率向上のために公正に利用しているのが実態であり，現実に親子上場における利益相反行為による子会社株主の搾取は存在していない，② 裁判になった場合の不確実性リスクは，クラスアクションがないわが国においては米国に比し小さい，③ この本来の趣旨は支配株主による少数株主の搾取という問題が国の内外で問題視されているなか，わが国の現行法制度がこれに充分対応できていないこと自体を問題にしている。そして支配株主による子会社少数株主に対する忠実義務は，現状不充分な少数株主保護を強化し支配株主と少数株主の権利関係を均衡化するための方策であり，万一，利益相反行為による搾取が実際に行われた場合には，少数株主が訴訟において争う余地があること自体が親会社に対する牽制作用をもたらす[41]。

　また子会社が行う非日常的な取引や意思決定が，当該子会社の財産状態や収

益力に重大な影響を与える場合がある。その例としては，① 当該子会社の重要な事業部門を他のグループ内企業に譲渡する，② グループの経営戦略にもとづき新規商品や新規事業の開発を停止・中止する決定を行う，等が考えられる。この ① 事業部門の他グループ企業への譲渡の場合，子会社における株主総会での特別決議が必要となるが，親会社は事実上株主総会を支配していることから，子会社にとって不公正な条件で事業譲渡がなされる危険性がある。何故なら独立当事者間においては交渉を通じて公正な条件のもとで合意が形成される[42]のに対し，グループ内再編の場合にはグループ企業との間の関係当事者間取引（類型としては利益相反取引）になるため，意思決定にバイアスがかかり，公正な条件とは評価されない取引が行われうるからである。

　会社法のもとではこのようなグループ企業間取引やグループの経営戦略に従った意思決定の公平性を争う法的根拠は必ずしも明らかではないが，支配株主が少数株主に対して忠実義務を負うと新たに規制すればその公平性についての訴訟提起が容易になるであろう。

注
1）　例えば親会社を「事実上の取締役」と解することにより，会社法423条の忠実義務違反による損害賠償請求ができるとする。
2）　わが国においても親会社による不利益指図を防止し，それがなされた場合に損害賠償請求ができるという立法があるべきという議論がある。その請求権を実効あるものにするために子会社が親会社による支配力行使の実態が明らかになる資料を作成しそれを子会社監査役が監査し公表する，というような手続きが提唱されている。さらに必要な場合には子会社監査役に親会社の調査権を認めるという主張もある。しかし親子会社間の力関係を考えると実際に子会社および子会社取締役がそれらを行使できるかとなると困難といわざるを得ない（河合 [2012b] 22ページ）。
3）　損害を被った従属会社を如何に保護すべきか，換言すると支配会社の行為をどのように規制すればよいか，という問題にかかわる諸説のうち ① 利益供与規定適用説（総会屋対策のために制定されたものであり，これによって支配会社の責任を明らかにする），② 債権侵害説（支配会社には従属会社に対する委任契約上の義務の懈怠に加功したことによる債権侵害の不法行為責任が生じる）が，法的根拠が明確であり具体的適用が可能である（舩津 [2010] 83-98ページ）。
4）　その規定の主なものは ① 親子会社の定義。ただし実質基準，② 子会社による親会社株式取得の禁止，③ 親会社監査役による子会社業務・財産状況についての調査権 ④ 親会社監査役の子会社取締役兼務の禁止等がある。
5）　宍戸・新田・宮島 [2010]（下）43ページ。
6）　神戸 [1998] 三輪・神田・柳川編 311-312ページ。
7）　宍戸・新田・宮島 [2010]（下）42ページ。
8）　上場会社が，株主総会における議決権を失う株主が生じることとなる株式併合その他同等の効果をもたらす行為を行う場合において，株主及び投資家の利益を侵害するおそれが大きいと取引所

が認めるときは上場を廃止するという規定がある（東証有価証券上場規程601条）。
9) 例えばソニーグループの唯一の上場子会社であるソニーファイナンスホールディングスは，親会社（持株比率62.1%）とは非関連の保険業務を担い独自性を維持している（過去にはソニーから売却の構想があったが，ソニーファイナンスからの反発があり取り止め，その成長と収益性を配当と高株価というかたちで親会社が受け取る形態となっている）。ソニーファイナンスの2018年3月時点の時価総額は8,500億円程度でありソニーの時価総額の12%程度を占める。
10) 神戸［1998］三輪・神田・柳川編316-318ページ。
11) 宍戸・常木［2004］169ページ。
12) 宍戸・常木［2004］164-170ページ。
13) 柳川［2006］45ページ。
14) 神戸［1998］三輪・神田・柳川編318-321ページ。これは親会社の不公正な取引による子会社損害は法的ルールにより当然に保護されるべきという議論とは違い，グループ全体の価値向上というインセンティブを阻害すべきでないという立場からきている。
15) その例としては，親会社の決算対策として子会社が不良資産の受け皿になる，もしくは実力以上の増配を迫られることがある。子会社の高配当政策は少数株主にとっては望ましいが親会社にはキャッシュの流出になり必ずしも望ましい施策とはならない。逆に低配当政策をとったときには子会社の株価下落を招く恐れがあり，これにより親会社の子会社持分価値を低下させる可能性が出てくる。
16) コミットメントとして考えられる例としては「親子会社間で事業分野につき協定を結びもし競合が起こった場合は，子会社は損害賠償できる」ようにしておけば少数株主に安心感を与えることができる（神戸［1998］三輪・神田・柳川編330ページ）。
17) その例としては，① 親会社の子会社株所有比率が高い場合は上場できないとする（上場は現に当事者双方にメリットがあるからであり，これは経済合理性に反する），② 少数株主にも経営に直接関与する権利を与える（そうすれば少数株式をもつグリーンメーラーに交渉力を与えかねない），③ 経営に不満な少数株主に株の買取請求権を与える（買取価格の評価が難しい）等の立法処置が考えられるが，いずれもカッコ書きの通りその実効性に疑問がある（神戸［1998］三輪・神田・柳川編321-327ページ）。
18) 神戸［1998］三輪・神田・柳川編330ページ。
19) 東証の「新規上場の手引き」によると子会社において親会社等の役職員との兼務役員が半数以上を占める場合は少数株主保護の観点から上場審査は慎重になる（東証，新規上場の手引き）。
20) 伊藤［靖］［2008］30ページ。
21) 2006年の公開買付制度改正により公開買付者の全部買付義務が定められた。これによって公開買付後，所有割合が3分の2以上になる場合であれば買付者は原則として応募株の全部について決済義務を負う。
22) 神戸［1998］三輪・神田・柳川編328-329ページ。
23) 宍戸・常木［2004］169-170ページ。
24) 小塚［1998］三輪・神田・柳川編337-338ページ。
25) 宍戸・常木［2004］169ページ。さらにこの目的のため「親会社の定款に少数株主保護の規定を置き，それは事後的に変更不可とする」ことによって支配株主にコミットさせることも可能である。
26) 福井［2007］159ページ。会社法に規定する少数株主保護規定としては主として「株主平等原則」「営業譲渡や合併に関する株主総会での不公正な決議の取消権」「株式買い取り請求権」「株主総会決議無効の訴え」がある。
27) 宍戸・新田・宮島［2010］（下）6-7ページ。

28) Allen [1998] pp. 99-124.
29) その規定の主なものは次の通りである。① 親子会社の定義，ただし実質基準，② 子会社による親会社株式取得の禁止，③ 親会社監査役による子会社業務・財産状況についての調査権，④ 親会社監査役の子会社取締役兼務の禁止。さらに親会社の株主保護の見地からみると，もし親会社の取締役が子会社の管理にあたり任務懈怠により子会社に損害が生じたとき，結果的に親会社の持分価格が減少することになる。これにつき会社法では親会社株主から会社に対する損害賠償責任を追及する株主代表訴訟を提起できる。さらに親会社の株主が子会社の取締役の責任を追及できるようにする「多重代表訴訟制度」が導入された。
30) 親会社による不当な行為の典型例である「親会社が自らもしくはグループ全体の見せかけの利益上乗せ操作の器として子会社を利用して不当な犠牲を強いること」は当然にあり得ないこととしてわが国のあらゆる企業に認知されていたはずである。しかし現実には親会社による子会社を使った違法な利益のかさ上げという事案が起こっており，このような親会社による子会社への不当な支配によって子会社少数株主は損害を蒙ることになる。
31) 神作 [2013] 江藤編 78-79 ページ。
32) 阿多 [2014] 北村・高橋（英）編著 21-23 ページ。
33) 米国においてはこのような少数株主の保護法制につきデラウェア州の判例法理の蓄積があり，子会社を通じる支配株主の搾取（私的便益の引き出し）について支配株主と会社間の取引に関する法的ルールによって制約が課されている。例えばデラウェア州法では，少数株主保護は支配株主の少数株主に対する忠実義務によって規律される（なおこの規定はわが国会社法にない）。すなわち支配株主は少数株主に対して信認義務（Fiduciary Duty）を負っており，支配株主とのグループ内取引はフェアでなければならないという厳格な基準が適用される（山下 [2008] 123-161 ページ）。
34) 村中 [2014] 北村・高橋（英）編著 133-137 ページ。
35) 河合 [2012a] 2 ページ。
36) 2015 年 6 月 1 日付日本経済新聞記事。
37) 高橋（英）[2008] 59 ページ。
38) 伊藤（靖）[2008] 30 ページ。
39) 米国には規定がありわが国には同じ規定が無い，ということは法的インフラとして米国では当然にある救済策がわが国にはないということになる。わが国における当該忠実義務規定の導入はその不均衡の是正の意味で重要である。海外投資家にとってこの部分において日米で同じ法的ルールに立脚した会社法の存在が少数株主としての資本投資に安心感を与えることができる。これによりわが国の証券市場の評判維持につながる（宍戸・新田・宮島（[2010]（下）43 ページ）。
40) 河合 [2012b] 19 ページ。
41) 宍戸・新田・宮島 [2010]（下）43 ページ。
42) 相互に特別の資本関係がない会社間において株主の判断のための情報開示があり，適法に株主総会の承認決議を得る等の一般に公正と認められる手続きにより株式移転の効力が発生した場合には，特段の事情がない限り組織再編行為の条件は公正なものとみられるという判例がある（神作 [2013] 江頭編 71 ページ）。

補論

日本企業の反競争行為による経営非効率の分析
―独占禁止法の域外適用についての一考察―

1 はじめに

　企業活動のグローバル化および競争の激化にともない，グローバル展開企業においてカルテル等の国際的反競争行為が頻発している。これに対応して各国独禁当局による自国以外における企業の競争制限行為に対する国境を越えた独禁法の適用，いわゆる独禁法の域外適用例が多くみられる。日本企業が海外との取引依存度を高めていることから，各国政府による独占禁止政策にいかに対応するかが個々の企業における企業戦略の1つの課題となる。この独禁法の域外適用の問題にかかわる理論と実務のレビュー，そしてこれが企業行動にいかに影響を及ぼしているかの検証が本補論の主たる論点になる。なお独禁法には違法行為（カルテルがその典型）の規制である「行為規制」と，経済や産業の構造規制（例えば企業結合行為の規制）である「構造規制」の2つの規制対象があるが，本補論では「行為規制」についてのみ取り上げる。

　近時，各国独禁当局による国際カルテル摘発が日本企業を巻き込むかたちで頻発している。そのうえ課徴金や罰金の支払も多額にわたっていることから，そのこと自体当該企業に対し経済的負担になっているが，同時に企業イメージの悪化によるさまざまな悪影響も無視できない。

　米国反トラスト違反事件では，刑事事件の摘発をきっかけとして当局や私人から民事事件の提訴があると同時に，被告会社の経営者や社員個人が禁固刑に服するため収監されるリスクを負う。そして不公正な行為を行った企業は，例えばカルテルを結んだ企業と被害を受けた個人・企業間において損害賠償紛争等の民事事件となるのみでなく，行政制裁（課徴金），刑事制裁（刑罰）の対

象になりうる[1]。またこれらの支払いにともなって,株主から善管注意義務違反を理由とする株主代表訴訟がおこされるリスクにさらされる。

2　独禁法の域外適用について

2-1　独禁法を自国固有の制度から国際的制度へ発展させた背景

　グローバル市場経済下において各国政府がとる競争政策のさまざまな局面につき,Trebilcock [2003] は以下の3点を指摘している[2]。すなわち,① 自国への直接投資や輸入の促進を図る国は外国からの投資にかかる負担を排除するインセンティブがもたらされる。その代わりそれらの国は国際カルテルや合併を調査しレビューすることを促進しようとする,② その逆に,このような経済環境においては,自国には便益をもたらすものの外国に対して費用の外部性をもたらす保護主義もしくは近隣窮乏策を採るインセンティブもはたらく。これらの管轄権をまたがる外部性は自国の厚生の増加をもたらすが,一方グローバルな厚生を減じる。そのため国によっては,自国の特定企業の成長を促進するため,または外国との競争にさらされる前に自国企業が最小効率規模にまで成長する機会を与えるために競争法の厳格な運用を避けることさえある,③ そして強い競争政策を採っている国は国際交易からのゲインを刈り取ってしまう傾向がある。そのため当該国は交易相手国に対しより厳格な競争政策を採るインセンティブがあるため,これにより異なった競争政策をうみだす結果をもたらす[3]。これらはそれぞれの国のおかれている経済状況[4]によるものであり,現状各国は共通の競争政策をとっているわけではない。

　このような環境下,個別の外国企業の行動によって自国の国内および国際市場に競争制限の効果がもたらされる場合に対応して自国の経済的な利益を擁護するために,外国企業の域外行動にも独禁法の国家管轄権を行使する必要があるが,これは独禁法の「域外適用」の問題にほかならない。

　外国企業の国外の行為にかかわる国家管轄権の及ぶ権限につき根岸・舟田 [2006] は,外国企業に対しいかなる場合に独禁法にもとづく手続きをすることができるか,という手続上の域外管轄権（司法管轄権および執行管轄権）の

問題をとりあげている[5]。このうち，司法管轄権については米国において州の裁判管轄権問題を争った1945年インターナショナルシュー事件[6]以来，国家管轄権についても最小限の接触を有すれば国外の被告に対しても当該国の裁判所が管轄権をもつとしている。ただし国外で事案を調査し命令を下すという執行管轄権はもたない。つまりこれは国家主権に直接抵触するものであり根拠がない。

2-2 属地主義と効果主義

　独禁法の域外適用に関して反競争的な行為を規律する管轄は属地主義[7]を採るのか，それとも独禁法の目的は自国市場の競争制限を阻止することにあるから，「行為の発生地にかかわらず自国独禁法に違反する行為を規制する必要がある」[8]とする効果主義を採用するのか，という異なった見解が対立してきた。

　米国においては，1911年アメリカンバナナ事件[9]で独禁法の適用範囲を自国内の商行為に制限するとする属地主義にもとづく判例が出たが，1927年アメリカンサイザル（麻）の輸入行為や海運事業等において米国領域外であっても米国に影響を及ぼす行為に，シャーマン法への広範な法的抵触のパターンがみられた。その後1945年ナショナルレッド（鉛）事件で，最高裁はチタニウムにかかわる国際カルテルの違法性を確認した[10]。

　そして1945年アルコア事件に対する生産調整および輸出カルテル判決にて「米国外で成立した合意・共謀であっても，米国への輸入に影響を与えることが意図され，実際にその効果が発生したことを立証する場合は，米国裁判所は域外管轄権を有し反トラスト法（シャーマン法）の域外適用ができる」，そして「自国外で行われた行為であってもその国が禁止しようとしている効果を自国内に及ぼす行為については，当該国家はその行為について責任を問うことができる」とする効果主義を打ち出す判決が出た[11]。

　これらの域外適用は自国法を他国での行為に適用するのであるから当然に他国の主権や政策に抵触する可能性がある。しかし1976年ティンバレン・ランバー事件[12]において効果主義を前提としながら，他国法との抵触の有無，違反行為の米国経済への関連性の度合い，その重要度などの要素を総合的に勘案して管轄権の有無を決定しようとする「国際礼譲」的な考え方が生まれた[13]。

わが国の管轄権が肯定された初の効果主義適用事案は，1998年カナダ・ノーディオン事件[14]勧告審決においてである[15]。これは行為の発生地にかかわらず，日本市場の競争秩序に影響する独禁法に違反する行為を規制する趣旨からきている。また日本国内で事業活動をしていない企業に対し，独禁法の域外適用がされた地域分割カルテルの事案として2008年マリンホース事件[16]があるが，日本では受注していない外国企業にも排除措置命令がだされた初のケースである[17]。

3 国際カルテル

3-1 国際カルテルの問題点

もともと各国企業は各国の市場で競争相手として相対することを避けようとして，カルテルを結ぶ誘因を持つ。しかし国際カルテルは各国の市場において社会的最適解よりも過小な生産量と過大な価格をもたらすことから社会的に望ましくない事象である[18]。また日本以外の国で価格がカルテルにより上昇すれば，日本への輸入を減少させ価格を上昇させる。これにより日本の消費者余剰が減少すれば，日本国内における市場競争を損なわせないことを指向する政策のためにも日本以外の国のカルテルを排除すべき理由となる[19]。

3-2 国際カルテルにかかわる Evenett［2001］の見解

国境をまたがる競争制限行為の典型はいわゆる「ハード・コア・カルテル」の国際カルテルであるが，これについての1990年代の規制強化の背景ならびにその経緯についての Evenett［2001］の見解は次のとおりである[20]。

貿易自由化の進展による競争激化により企業がカルテルに参加するインセンティブを増やしたが，このカルテルは国際間の自由競争の土台を壊したうえ消費者に対する自由化の便益を減少させる。

ここには2つの課題，すなわち①カルテルにより消費者は長年にわたり不当な高価格の負担を強いられ，また長期の参入障壁はしばしば戦略的な企業行動によりつくられる，②アグレッシブなカルテル摘発は共謀行動の抑止にな

るが，それは証拠収集や違反者の告発のために充分な国際協調が存在することにつきカルテル参加者が恐れを抱くことにより初めて実効性がある，として各国の競争政策の改革と各国間の国際的協力の重要性を説いている。またカルテルに対する刑事告発はその組成の抑止に不可欠であるが，さらに合併案件のレビューや企業間の協調行動の調査というような監視が必要である。そうでなければ企業はライバルの吸収合併や他の競争圧力を減じる方策によりカルテル化抑止の政策に対抗しようとする。

3-3　日本企業が米国司法省により刑事事件として国際カルテル摘発を受けた例

米国反トラスト法の域外適用の事例として1998年日本製紙ファックス感光紙輸出カルテル事件があるが，下記の点で重要な判例[21]と位置づけされている[22]。すなわち，① 典型的な輸出カルテル事件であるが，当時の年間市場規模120百万ドルに対し科された罰金の総額（米国企業を含む）が100百万ドルと高額にわたる，② わが国企業で漠然とした不安があった外国の独禁法にかかわる諸問題が現実化した，③ 日本企業が直接に関与し，役員の刑事訴追にまで至った，④ 反トラスト法違反の外国企業に対する刑事罰の域外適用を肯定した初のケースである[23]。

この事件においてはカルテル摘発によって日米企業に科された罰金が市場規模に匹敵するほど禁止的に高額なものになり，日本企業が事実上マーケットから締め出される結果となった。この事例以外で課徴金支払が多額な事例としては，2008年自動車用ガラス（欧州委員会から旭硝子，日本板硝子等4社あて課徴金総額1,384百万ユーロ），液晶パネル（米国司法省からシャープ等3社あて課徴金総額585百万ドル）がある。

ここで注目すべきは，わが国の有力企業が摘発の対象となっていることおよび罰金の高額化であり，企業の財務に与える影響は少なくない。また刑事事件として有罪になることによる企業イメージダウンが企業経営に与えるマイナス面も無視できない。

シャーマン法違反は，① 法人に対して1百万ドルまたは違法行為によって得た利益または与えた損害の2倍のいずれか多い方の罰金，② 個人に対して

350千ドル以下の罰金，3年以上の禁固刑，という負担を課すことになるが損害額の認定次第では巨額の罰金にならないとも限らない。また事業本部長クラスの役員・社員が禁固刑を逃れるため米国に入国できないことは，事実上米国での企業活動を封じられることを意味する。

3-4 最近の国際カルテルをめぐる動向について

企業活動のグローバル化を受け，欧州当局は国際カルテルの摘発を強めている[24]が，最高裁もこうした流れに沿った判断を示し，「日本国内市場が損なわれる場合，国外のカルテルでも日本の独禁法を適応できる」という判断を示している。

この新しい判断が示された事件の概要は次のとおりである。すなわち① サムソンマレーシア子会社（以下サムソン）はテレビ用ブラウン管の販売に当り競合他社（日系東南アジア子会社）と国際カルテルを結んだ，② 公取委はサムソンに対し独禁法（不当な取引制限）違反として，課徴金（約14億円）納付命令を下した，③ これに対してサムソンは，カルテルの合意が形成された場所は東南アジアであり製品を購入したのも日系東南アジア子会社であって日本国内の市場には影響がなく，日本の独禁法適用はできないと主張した，④ これに対し最高裁は「カルテルによって競争が侵害される市場に日本が含まれる場合，日本の経済秩序を侵害する（日本市場の競争が損なわれた）」と認定し公取委による課徴金納付命令を支持した[25]。

4 カルテルの社会的費用についての経済的分析

さまざまな競争制限行為は市場に不完全競争状態，ときには独占をもたらす。ここで Harrison [1995] は図補－1の通り独禁法に適用される経済分析にあたり，「基礎的価格理論」により競争状態に比し不完全競争状態が非効率的であることを明らかにしている[26]。

これによると生産者余剰と消費者余剰の合計である AGC は社会的余剰の大きさを明らかにするが，不完全競争状態（独占状態）のようなパレート非効率

な状況では富は減少し社会的余剰はAGHEとなる。AGHEとAGCの差，すなわちEHCは富の減少でありこれは不完全競争（独占）の社会的費用もしくは死重的損失である。また消費者利益の減少と企業利潤の増加のプラス・マイナスが相殺されたことにより当初消費者余剰の一部が生産者余剰へと移転された後にも，消費者余剰であった領域のうち残りの部分であるEFCの領域は不完全競争状態を享受するもの（独占者）によっても獲得されない。つまりこれだけの金銭的価値が資源の非効率的配分によって社会から失われたことになる。

この不完全競争（独占）による死重的損失に関連して2つの点，すなわち① 資源の配分効率を低める，② それを達成し維持しようとする者に対する不完全競争（独占）の魅力，についてを指摘することができる。

すなわち不完全競争状況下では生産はQc以前で止まってしまうので競争状態のもとでの生産はされず，配分上効率的な生産量が達成されない。そして不完全競争（独占）の魅力としては，競争上有利な立場を獲得するための投資によって，企業が消費者余剰の一部を獲得することによる財務上の利得の増大へ

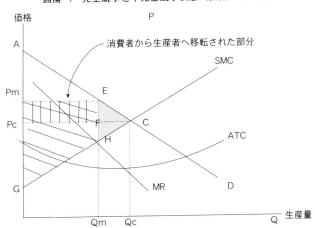

図補-1　完全競争と不完全競争状態（独占）との比較

ここで：Pc，Qcは競争状態における価格と生産量を表す。
Pm，Qmは独占状態における価格と生産量を表す。

（出所）　Harrison [1995] 訳書167ページ。

結びつく点にある。しかし「当該施策は概して浪費的であり，かつ新たな生産に必ずしも結びつかない可能性がある。例えば過剰設備の維持・外国製品の排除や政党献金等の政治的活動等の非生産的用途に出資することが多く，不完全競争（独占）による過剰利潤は社会的浪費と考えられる。つまり独占利潤をも独占の弊害」となる[27]。

5 エージェンシー理論からみた企業の反競争行為

　企業の競争制限行為は，経済的に非効率であると同時に競争条件整備のため国境を越えた反競争行為，例えば国際カルテルに対する独禁法域外適用の各国間でハーモナイズされた厳格な運用は不可欠，というコンセンサスはある。それにもかかわらず，なぜ企業の反競争行為が後を絶たないのであろうか。この説明のためにはエージェンシー理論が有益であろう。

　エージェンシー理論は利害の不一致および情報の非対称性の仮定のもと，企業行動を分析する場合に株主と経営者，経営者と従業員といった異なる利害をもつ主体間の問題をとりあげるフレームワークである。この場合，権限を委譲されたエージェントは監視が不完全なもとでは本来の利益以外の目的を追求しがちであり，このような機会主義的行動がもたらす資源の非効率な配分はさまざまなエージェンシーコストをもたらす[28]。

　このエージェンシー関係は企業行動に限らず納税者と官僚の関係というように拡げて考えることが可能である。ここでプリンシパルが自己の目的のためにエージェントに権限を委譲するというエージェンシー関係を，「政府はプリンシパルとして，反競争行為の法的拘束のため，ガイドラインや判例の蓄積のみならず各国間で政策の協調体制をとったうえ効率的市場経済を醸成するという目的」があり，「エージェントである企業は，自由市場経済という社会的基盤のうえにたち企業経営により国民経済の厚生を高めるという暗黙知の契約をしている関係」とみることができる。

　エージェンシー問題の１つであるモラルハザード現象は，反競争的な企業行動にも当てはまる。すなわちプリンシパルとの暗黙知の契約後に政府（独禁当

局）は各社の企業行動を完全には観察できないので，エージェントである企業は自己利益追求のため反競争的行動をして結果的に社会的損失をもたらすという非効率が生まれる。これにより発生するエージェンシーコストを事前に抑制するために独禁法という法制度が展開されているが，それにはモニタリングコストがかかる。

そこで反競争的行動にともなう費用の外部性につき，政府（独禁当局）は競争制限行動によりもたらされた消費者余剰を生産者余剰へと移転した富（図補-1のP_mP_cEFの部分）を上回る課徴金の負担を科すか，少なくとも企業に現実的な恐れをもたらすことによって両者の利害の不一致を緩和しうる。また情報の非対称性の低減のために証拠収集や違反者の告発のため，また独禁法運用のハーモニゼーションにより充分な国際協力体制をつくることが可能になる。そしてこれらの施策によりエージェンシーコストの低減を図ることが可能になる。

6 日本板硝子の価格カルテル事件

日本板硝子は2006年6月，6,160億円の資金を投入して英国ガラスメーカー，ピルキントン社を完全子会社化した。ところが2007年3月ピルキントン社はEC委員会から建築用板ガラス及び自動車用板ガラスの価格カルテルの摘発を受け，2008年3月期建築用ガラスにつき課徴金243億円の支払い，および自動車用ガラスにつき課徴金500億円の引当金計上により合計743億円の財務負担をしいられることになった[29]。

当社の2006年3月期から2008年3月期の3期の連結ベース主要財務諸表は表補-1および表補-2のとおりであるが，これによるとカルテル摘発による課徴金支払は，①2007年3月期の暖簾2,049億円のうち課徴金関連は781億円であり，買収にともなう暖簾計上の約38％を占めるほど多額にわたり，②過去2期の暖簾等償却は平均210億円であり毎期各々暖簾等償却前営業利益の45％，34％の減益要因となっている。

当社のピルキントン社買収の戦略的意義は，2006年6月付け当社プレスリ

リースによると，① 事業規模の拡大とグローバル戦略への転換，② 規模の経済，③ R&D や顧客基盤の融合，④ 友好的統合等によりドメスティック企業からグローバル企業への転換を図るとしている。このことは企業の成長戦略の観点から評価できるが，企業買収後のこのような過剰な財務負担は各ステークホルダーにさまざまなネガティブな影響をあたえたはずである。この事例は競争制限行為に対する当局による厳罰化の動きが企業財務に直接的に影響を与えたことを示している。

表補-1　日本板硝子　連結損益計算書

(単位：億円)

	06年3月期	07年3月期	08年3月期	17年3月期
売上高	2,659	6,815	8,615	5,808
暖簾等償却前営業利益	84	433	705	331
（うち暖簾等償却費）	(0)	(195)	(240)	(32)
営業利益	84	238	465	299
経常利益	104	80	304	148
当期利益	78	121	504	73

表補-2　日本板硝子　連結貸借対照表

(単位：億円)

	06年3月期	07年3月期	08年3月期	17年3月期
流動資産	2,887	4,658	4,219	2,623
固定資産	3,072	9,431	8,974	5,278
（うち暖簾）	(0)	(2,049)	(1,812)	(1,059)
総資産	5,960	14,090	13,193	7,902
負債	3,544	10,584	9,473	6,565
（うち暖簾償却引当）	(0)	(781)	(500)	(141)
資本	2,383	3,506	3,720	1,337
負債・資本計	5,960	14,090	13,193	7,902

（出所）　日本板硝子 HP から作成。なお 2007 年 3 月期に売上高や資産規模等が急増しているのは，2007 年第 2 四半期からピルキントン社が連結化したためである。近時の財務状況把握のため買収後 10 年を経た直近（2017 年 3 月期）の財務指標も記載している[30]。

7 むすび

　近時の各産業の世界レベルでの寡占化のもと，市場支配力行使による価格引き上げを意図したうえ各国の市場で競争相手として相対することを避けようとして企業はカルテルを結ぶ誘因をもつ。

　国際カルテル等に対する規制は例えばWTOのような世界的な包括的ルールが規定されていない現在，各国は独禁法上の域外適用で対応している。しかし一方で過去に蓄積されてきた判例や独禁当局によるガイドラインのような制度面での整備が進んできたことから，各国の対応も以前の管轄権の抵触による「対抗立法措置」から「各国間協力関係」へ移行しつつある。

　現状各国の独禁当局において二国間の協力協定による連絡・交渉，すなわち事前に相手国政府に通知し協議する「消極的礼譲」としての協力関係とか，自国に影響する外国の違反に対して調査し適切な措置をとることを相手国に請求し相手国は誠実に対応することとする「積極的礼譲」としての協力協定が一般化しつつある[31]。また各国独禁法の規制内容や運用は，その時々の政権の政策を反映してきた。現在，各国政府の独禁法運用にあたり「競争的環境をつくりだすことにより企業間競争を促進し，それによって最適資源配分を回復させようとする政策」[32]というコンセンサスは確立している。さらに独禁政策の域外適用に関する方向としては① 管轄権の国家的配分の定着，② 効果主義と国際礼譲の浸透，③ 課徴金の引き上げによる厳罰主義の推進，④ 各国の競争法の規制内容や運用がますますハーモナイズしつつあることによりグローバル企業の反競争行為を法的に拘束する抑止力，が従来以上に働いている。

　それにもかかわらず近時多発している国際カルテルの摘発は，① 競争法の域外適用は各国においてその規制内容が定着しつつある，② 厳罰化ならびに課徴金の高額化は企業財務にあたえるインパクトが多大であると同時に企業のレピュテーション低下に伴う負のブランドイメージにつながりかねない。このことからグローバル企業に対して反競争行為が「割の合わない」企業行動であることへの警鐘をならすものとなっている。

ただしこの高額の課徴金もしくは罰金による企業財務へのマイナスのインパクト，ならびにレピュテーションがからむ企業経営に与える負の影響についての包括的な定量的分析は今後の課題としたい。

注

1) 小寺［2003］66 ページ。
2) Trebilcock［2003］pp.3-6。
3) 強い競争政策をとっている国は米国である。そこで米国反トラスト法と米国の国際競争力との関連についての政策的意義につき，リル（当時の司法省反トラスト局副局長）は反トラスト当局の見解を次のとおり述べている。すなわち①反トラスト法が国の経済政策の重要な部分を担っている，②国際市場における反トラスト政策の成功は「反トラストおよび競争力」によっており「反トラストまたは競争力」ではなく「反トラスト対競争力」でもない，③健全な反トラスト政策強化は自由市場経済における競争力を守り促進し，消費者や企業に同様に便益をもたらす，④反トラスト政策は市場の力をゆがめることや市場における競争を不当に排除することを防止する（Rill［1989］pp.583-584）。
4) 岸井・向田・和田・内田・稗貫［2008］391 ページ。
5) 根岸・舟田［2006］59 ページ。
6) インターナショナルシュー事件は「州内で実質的な事業活動を行っていることによって，当該州との最小限の接触を有すれば州外の被告に対しても当該州の裁判所が管轄権（いわゆる long-arm）をもつ」としている（佐藤［1998］35 ページ）。
7) 属地主義の概念は「行為の場所が属する領域国にあるべき，すなわち自国内で行われた行為にだけ自国独禁法の適用を限定すべき」というもの（岸井・向田・和田・内田・稗貫［2008］392 ページ）。
8) 岸井・向田・和田・内田・稗貫［2008］392 ページ。
9) 米国最高裁は「行為地は外国であり法違反か否かは行為が行われた国の法によって決定される」と判示した（佐藤［1998］31 ページ）。
10) Fugate［1991］pp.5-8。
11) 松尾・ヘムロック［1999］36 ページ。
12) 判旨は，「銀行と外国政府の共謀により外国木材を輸入できなくなったティンバレン社が，妨害がなければ木材は米国に輸入されていたはずとし，この事実で効果主義による米国の管轄権は満たされている」としたうえ，この従来型の効果主義に疑問を呈して米国の利益のみでなく他国の利益をも斟酌して域外適用の範囲を決定する，という謙抑的な考えを示した（佐藤［1998］37 ページ）。
13) 佐藤［2005］48 ページ。
14) 日本に営業拠点をもたないノーディオン社と日本企業とが製品供給の排他的長期購入契約を締結したことに対しわが国の管轄権が適用され「私的独占違反による排除命令」が出された事案。
15) 根岸・舟田［2006］60 ページ。
16) これは「日本以外のメーカーは日本では事実上落札しないと談合し，わが国における競争制限をした」とされる事件である。
17) 小田切［2008］191 ページ。
18) 宍戸・常木［2004］108 ページ。
19) 小田切［2008］207 ページ。
20) Evenett［2001］pp.2-4。
21) これは反トラスト法で域外適用問題が明示的に問われた初めてのケースであるが，「米国外で行

注　151

　　　われたが米国内の競争を阻害した行為を刑事裁判で弾劾した」ことにより「過去30年にわたり続いてきた反トラスト法の域外適用問題の論争に幕が下ろされた画期的な判例」という主張がなされている（First [2001] p.723）。
22)　渡辺 [1997] 74-77 ページ。
23)　判決は, シャーマン法が域外適用されることはアルコア事件判例で確立されており同一条文を刑事と民事で別異に解釈すべきでない, として外国企業に対する刑事罰の域外適用を認めた（松尾・ヘムロック [1999] 36-48 ページ）。
24)　最近の欧州委員会による国際カルテル行為の認定には次のようなものがある。
　　① 海運5社（日本郵船, 川崎汽船, 商船三井, 南米 CSAV, 北欧 WWL-EUKOR）が自動車海上輸送でカルテル行為をしていたと認定し, 合計約395百万ユーロの制裁金を科した。
　　② 自動車部品メーカー3社（日本特殊陶業, 独ボッシュ, デンソー）による自動車エンジン用の点火プラグでのカルテル行為を認定し, 合計約76百万ユーロの制裁金を科した（いずれも2018年2月22日付け日本経済新聞記事）。
25)　2017年12月13日付け日本経済新聞記事。
26)　Harrison [1995] 訳書 151-170 ページ。
27)　Harrison [1995] 訳書 178 ページ。
28)　小田切 [2000] 216-217 ページ。
29)　自動車用ガラスに限定した4社に対する課徴金総額は1,384百万ユーロという高額なものになっている。その内訳は日本板硝子子会社（ピルキントン社）370百万ユーロ（約500億円）, 旭硝子孫会社（AGC オート社）114百万ユーロ（約154億円）, 仏サンゴバン896百万ユーロ, ベルギーソリバー 4.4 百万ユーロである。
30)　これをみると, M&A の当初の目論見であった ① 事業規模の拡大とグローバル戦略への転換, ② 規模の経済, が実現しているとは言えない。売上高は買収前の2.2倍増加しているにもかかわらず収益は買収前とほとんど同じ水準にとどまっている。総資産は2008年のピーク時に比較し暖簾の償却が進んだこともあり56％にまで圧縮されている。しかし負債がピーク時の62％までしか減少していないことおよび資本がピーク時比較で36％まで減少していることを斟酌すると, この M&A は当社の当初の目的を達成しているとは到底言えない。
31)　佐藤 [2005] 51 ページ。
32)　小田切 [2008] 9 ページ。

資料：わが国7大総合電機メーカーの損益推移
―連結ベース決算と親会社単体決算の対比によるグループ収益力の分析―

(出所：eol, Inc. 企業基本情報および有証メニューから抽出。)

　ここで分析の対象として総合電機メーカーを対象としたのは，次のような理由による。

　1．総合電機メーカーはわが国の主要産業であるにもかかわらず，国際競争力の低下により収益性のボラティリティが高い業界となっており組織再編を迫られた企業が多い。このため東芝を除く各社は収益環境改善のため大胆なリストラクチャリングを実施し，その結果収益力の回復に成功している。

　2．親会社の傘下に多数の子会社をもち，その収益性の高低がグループのパフォーマンスに多大な影響を及ぼしている。例えば日立製作所グループにおいては，連結子会社数が2015年3月期は国内274社，海外721社，合計995社となっている。ところで2009年3月期は国内403社，海外540社，合計943社であったから，過去6年で海外子会社が181社増加し，国内子会社の129社減を補完するかたちになっている。

　以下日立，パナソニック，ソニー，東芝，富士通，三菱，NECの7社のそれぞれにつき，連結ベースと親会社単独の各種指標の比較によりグループとしての収益力につき検証する。ここでROE（株主資本利益率）は純利益（当期利益）／株主資本で計算している。また企業の成長度を測る指標であるEPS（1株当たり利益率）は純利益（当期利益）／発行済み株式数で計算している。連単倍率は売上高および当期利益のみ取り上げ，それぞれ連結ベース／単体ベースで計算している。

　ここで連結ベース当期損失の場合のみ，子会社の当期利益（正の貢献額）および損失（負の貢献額）の実額を表示し，グループ全体からみた子会社の貢献度を明らかにしている。例えばパナソニックの計算例は次の通りとなる。

　2011年，連結ベース当期利益①740億円，単体ベース当期利益②▲499億円，①－②＝1,239億円。これにより親会社当期利益▲499億円であったが，

子会社の貢献額はプラス1,239億円であったため連結ベースでは当期利益740億円のプラスであった。

日立製作所

連結ベース	11年3月	12年3月	13年3月	14年3月	15年3月	16年3月
売上高（億円）	93,158	96,659	90,411	96,162	97,619	100,343
当期利益（億円）	2,389	3,472	1,753	2,649	2,175	1,722
ROE（％）	17.5	21.6	9.1	11.2	7.8	6.1
EPS（円）	52.9	76.8	37.3	54.8	45.0	35.7

単体ベース	11年3月	12年3月	13年3月	14年3月	15年3月	16年3月
売上高（億円）	17,953	18,705	19,115	20,701	18,421	18,596
当期利益（億円）	643	2,545	577	579	853	649
ROE（％）	7.0	23.6	4.6	4.3	6.1	4.7
EPS（円）	14.2	56.3	12.3	12.0	17.7	13.5

連単倍率	11年3月	12年3月	13年3月	14年3月	15年3月	16年3月
売上高（倍）	5.2	5.2	4.7	4.6	5.3	5.4
当期利益（倍）	3.7	1.4	3.0	4.6	5.4	2.7

　この表以前の期すなわち2009年3月期および2010年3月期の各々7,873億円，1,070億円の純損失を契機に上場子会社5社を完全子会社化する等の事業構造改革を推し進め，持続的な収益計上体質を堅持している。

　売上高の連単倍率は5倍程度で推移しており，同業他社の2倍前後に比すと倍率は高くなっていることから子会社の貢献度は高いと言える。当期利益の連単倍率は年によってばらつきがあるものの近時は売上高の連単倍率と同じ水準にまで上がってきている。このことは4年前までは親会社（日立製作所）の収益力が高く子会社のそれは劣っていたものが修正され親会社並みの収益力がついてきていることを示している。また注目すべきは連結ベースのROEの数字が親会社の数字より2013年3月期以降上回っていることにある。傘下の子会社の資本効率は良く，そのモチベーションの高さを推察できる。つまり企業グループとしての総合力が盤石なものになりつつある。

資料：わが国7大総合電機メーカーの損益推移

パナソニック

連結ベース	11年3月	12年3月	13年3月	14年3月	15年3月	16年3月
売上高（億円）	86,927	78,462	73,030	77,365	77,150	75,537
当期利益（億円）	740	▲7,722	▲7,542	1,204	1,795	1,933
ROE（％）	2.8	▲34.4	▲47.2	8.6	10.6	11.0
EPS（円）	35.8	▲334.0	▲326.3	52.1	77.6	83.4

単体ベース	11年3月	12年3月	13年3月	14年3月	15年3月	16年3月
売上高（億円）	41,430	38,724	39,170	40,846	38,524	37,823
当期利益（億円）	▲499	▲5,270	▲6,594	▲259	82	37
ROE（％）	NA	NA	NA	NA	0.9	0.4
EPS（円）	▲24.1	▲227.9	▲285.2	▲11.2	3.5	1.6

連単倍率	11年3月	12年3月	13年3月	14年3月	15年3月	16年3月
売上高（倍）	2.1	2.0	1.9	1.9	2.0	2.0
当期利益（倍）または子会社貢献実額	1,239（億円）	▲2,452（億円）	▲948（億円）	1,463（億円）	21.9	52.2

　親会社売上高の約2倍がグループの売上高になっている。つまりグループは親会社売上高に依存している。2002年に上場子会社4社松下通信工業，松下寿電子，松下電送，九州松下電器，松下精工および非上場子会社1社松下電送システムを完全子会社化，さらに2011年パナソニック電工および三洋電機の2社も完全子会社化して上場子会社は皆無とすることにより親会社による集権力強化を図った。それにもかかわらず2012年3月期および2013年3月期のそれぞれ7,722億円，7,542億円の巨額の当期損失の大部分は親会社にて発生しており，むしろ傘下子会社の収益で親会社の損失を補填しているパターンになっている。ただし当該親会社による損失はグループ全体のリストラクチャリングにともなう構造改革費用を親会社が特別損失として負担した側面があり，必ずしもメーカーとしての営業損失を反映したものとは言い切れない。
　2014年3月期以降の事業構造改革によりグループ売上高は減少するも，グループの収益力および資本効率は顕著な改善を示している。そして親会社への依存度はむしろ低下している。

ソニー

連結ベース	11年3月	12年3月	13年3月	14年3月	15年3月	16年3月
売上高（億円）	71,813	64,932	68,009	77,673	82,159	81,057
当期利益（億円）	▲2,596	▲4,567	430	▲1,284	▲1,260	1,478
ROE（％）	▲9.4	▲7.0	0.6	▲1.7	▲1.5	1.8
EPS（円）	▲258.7	▲455.0	42.8	▲125.0	▲113.0	119.4

単体ベース	11年3月	12年3月	13年3月	14年3月	15年3月	16年3月
売上高（億円）	32,112	25,721	21,010	21,876	20,727	20,642
当期利益（億円）	▲2,758	▲1,669	386	▲246	125	2,052
ROE（％）	▲12.8	▲8.7	2.1	▲1.3	0.6	9.2
EPS（円）	▲274.9	▲166.4	38.4	▲23.9	11.22	165.8

連単倍率	11年3月	12年3月	13年3月	14年3月	15年3月	16年3月
売上高（倍）	2.2	2.5	3.2	3.6	4.0	3.9
当期利益（倍）または子会社貢献実額	162（億円）	▲2,898（億円）	1.1	▲1,038（億円）	▲1,385（億円）	0.7

　2014年3月期に始まった本格的事業構造改革による不採算事業（例えばPC事業）の外だしにより売上高連単倍率が激増（2倍程度）した。また当期損失のほとんどは依然として親会社以外の子会社により生まれている。しかし直近の2016年3月期は親会社収益が子会社の損失を補完するという結果になっている。したがって親会社依存のグループ体質に変わりがない。なお当社の上場子会社はソニーファイナンス1社に限られている。

資料：わが国7大総合電機メーカーの損益推移

東芝

連結ベース	11年3月	12年3月	13年3月	14年3月	15年3月	16年3月
売上高（億円）	63,985	61,003	58,003	65,025	66,559	56,701
当期利益（億円）	1,378	737	775	508	▲378	▲4,832
ROE（%）	16.6	8.5	8.2	4.5	▲3.6	▲69.2
EPS（円）	32.5	17.4	18.3	12.0	▲8.9	▲114.1

単体ベース	11年3月	12年3月	13年3月	14年3月	15年3月	16年3月
売上高（億円）	35,910	32,048	28,990	32,889	32,324	28,753
当期利益（億円）	1,054	▲136	▲334	541	▲600	▲3,300
ROE（%）	11.8	▲1.6	▲4.1	6.9	▲7.9	▲60.6
EPS（円）	24.9	▲3.2	▲7.9	12.8	▲14.1	▲77.9

連単倍率	11年3月	12年3月	13年3月	14年3月	15年3月	16年3月
売上高（倍）	1.8	1.9	2.0	2.0	2.1	2.0
当期利益（倍）または子会社貢献実額	1.3	873（億円）	1,109（億円）	0.9	222（億円）	▲1,532（億円）

　2016年3月期に発覚した不適正会計により売上高の急減（今までの粉飾分を修正）および4,832億円の純損失を計上したが，うち3,300億円は親会社によるもの（残りは子会社によるもので1,532億円の損失）である。2014年3月期までは親会社の当期損失を子会社群が補充するパターンであった。

富士通

連結ベース	11年3月	12年3月	13年3月	14年3月	15年3月	16年3月
売上高（億円）	45,284	44,676	43,817	47,624	47,532	47,393
当期利益（億円）	551	427	▲729	486	1,400	868
ROE（%）	6.8	5.1	▲9.0	8.1	20.6	11.0
EPS（円）	26.6	20.6	▲35.2	23.5	67.7	41.9

単体ベース	11年3月	12年3月	13年3月	14年3月	15年3月	16年3月
売上高（億円）	20,929	21,243	20,879	21,451	20,588	20,068
当期利益（億円）	448	548	▲3,380	1,846	449	425
ROE（%）	6.3	7.4	▲57.8	36.4	7.0	6.3
EPS（円）	21.6	26.5	▲163.4	89.2	21.7	20.5

連単倍率	11年3月	12年3月	13年3月	14年3月	15年3月	16年3月
売上高（倍）	1.8	1.9	2.0	2.0	2.1	2.0
当期利益（倍）または子会社貢献実額	2.1	2.1	2,651（億円）	0.3	3.1	2.0

　過去6期に顕著な変動はない。2013年3月期の連結ベース当期損失729億円は子会社のプラスの貢献2,651億円で補填された結果である。過去2期は売上高連単倍率と同じレベルでの当期利益の連単倍率となっており，親子会社の収益力に格差がない。またROEは連結ベースの数字が親会社単体のベースを上回っている。子会社の資本効率が優良であることを示している。

158 資料：わが国7大総合電機メーカーの損益推移

三菱電機

連結ベース	11年3月	12年3月	13年3月	14年3月	15年3月	16年3月
売上高（億円）	36,453	36,395	35,672	40,544	43,230	43,944
当期利益（億円）	1,245	1,121	695	1,535	2,347	2,285
ROE（％）	12.4	10.3	5.7	10.9	13.9	12.4
EPS（円）	58.0	52.2	32.4	71.5	109.3	106.4

単体ベース	11年3月	12年3月	13年3月	14年3月	15年3月	16年3月
売上高（億円）	23,339	23,446	22,361	24,806	26,756	26,757
当期利益（億円）	788	558	186	1,003	1,353	1,638
ROE（％）	13.4	8.9	2.9	14.1	16.3	17.6
EPS（円）	36.7	26.0	8.7	46.7	63.0	76.3

連単倍率	11年3月	12年3月	13年3月	14年3月	15年3月	16年3月
売上高（倍）	1.6	1.6	1.6	1.6	1.6	1.6
当期利益（倍）	1.6	2.0	3.7	1.5	1.1	1.4

全体として安定している。連結ベース売上高をみると段階的に成長していることがわかる。また連単倍率をみると売上高は1.6倍，当期利益は1.5倍前後を示しておりグループが全体として親子会社が万遍なく成長性および収益性を示しているといえる。この安定性は市場に影響されないファクトリー・オートメーション等の産業向け受注生産に強みを持っていることにより得られたものと思われる。

NEC

連結ベース	11年3月	12年3月	13年3月	14年3月	15年3月	16年3月
売上高（億円）	31,154	30,368	30,716	30,431	29,355	28,212
当期利益（億円）	▲125	▲1,103	304	337	573	687
ROE（％）	▲1.6	▲15.6	4.5	4.8	7.5	8.5
EPS（円）	▲4.8	▲42.44	11.7	13.0	22.0	26.5

単体ベース	11年3月	12年3月	13年3月	14年3月	15年3月	16年3月
売上高（億円）	17,016	17,492	18,553	19,024	19,196	18,201
当期利益（億円）	114	▲847	265	676	556	421
ROE（％）	1.9	NA	5.0	11.6	8.6	6.2
EPS（円）	4.4	▲32.6	10.2	26.0	21.4	16.2

連単倍率	11年3月	12年3月	13年3月	14年3月	15年3月	16年3月
売上高（倍）	1.8	1.7	1.7	1.6	1.5	1.6
当期利益（倍）または子会社貢献実額	▲239（億円）	▲256（億円）	1.1	0.5	1.0	1.6

　比較的安定している。売上高連単倍率は1.5倍程度で推移していることから親会社による依存度が高く子会社の貢献度は高くない。グループとして安定的な収益をあげているが成長性においては同業他社比劣後しているといえる。2013年3月期以降はグループ内において親会社による収益の依存度が高く，子会社貢献度が高くない。

あとがき

　わが国企業グループにおいてはグループ内の子会社に裁量をもたせた分権性に特徴があるが，分社化により1法人の経営者として経営を委任されることは，1事業部長でいるのに比べるとその自律性やモチベーションの程度は格段に違う。また分社化によって生まれた株式会社による企業成長のエネルギーがわが国全体の経済活動を活発化させたこと，および子会社上場によって投資家に新たな投資機会を提供したことは国民経済的にみてそのベネフィットが多大であるといえる。

　現在この企業グループを組成する子会社（連結対象社）数は概ね維持されているのが実情であるが，その例として下記表あ-1の「連結対象社数の多い主要電機メーカー3社の社数推移」を記載した。

表あ-1　連結対象社数の多い主要総合電機メーカー3社の社数推移

(単位：社数)

	1998年3月	2006年9月	2016年7月
ソニー	1,223	976	1,297
日立製作所	1,048	1,125	1,056
パナソニック	363	695	474

（出所）　1998年3月および2006年9月は下谷［2009］30ページ。2016年7月は東洋経済データ事業部DB2部作成資料による。
（注）　パナソニックでは過去10年間で社数ベース30％程度減少しているが，ソニーはTV・PC事業等の分社化もあり子会社数はむしろ増加している（なお日立製作所は過去10年間で7％程度減少している）。連結対象社数の多い主要企業のうち連結対象社数ベースでソニーは1位，日立は2位でありそれ以下は伊藤忠をはじめとする商社の子会社が多い。

　わが国企業グループ経営が成功しているのか，すなわち傘下子会社のパフォーマンスがグループの企業価値向上に貢献しているのかどうかについては，子会社各社のグループにおける損益貢献度合いにつき各種経営指標の連結ベースと親会社単体ベースの比較により明らかにすることが可能である。ここ

での調査対象は総合電機メーカー7社の日立，パナソニック，ソニー，東芝，富士通，三菱，NECとした。総合電機メーカーはわが国の主要産業であるにもかかわらず，グループ損益がドラスティックに変動していることから収益基盤改善のため組織再編を迫られた企業が多い。そこで個々の企業の過去6年間のグループ損益推移につき資料「わが国7大総合電機メーカーの損益推移—連結ベース決算と親会社単独決算の対比によるグループ収益力の分析—」でとりまとめた。

本書においてそのテーマである「企業グループの効率的運営に向けて」の障害となっている親子会社関係にかかわる以下の2つの法的ルールにつき提言してきた。

1つ目は親会社の指揮権にもとづく子会社への指図の問題につき「統一的指揮権という法的に担保された制度で補完するという枠組みが必要」という提言である。

企業グループ形成のメリットは，親子会社間のシナジーによって個別企業が単独で行動する以上の利益を追求できることにあり，企業グループ全体の企業価値の市場における判断は連結決算で集約される親会社の企業成果にもとづきなされる。したがって「自社の利益を優先すべきか，企業グループの利益を優先すべきか」という議論は企業グループの利益を優先すべきという前提のもと，親会社による子会社に対する指揮権とそれにもとづく指図は法的拘束力をもったものでなくてはならない。

これはEUで提起されているドイツ方式のメンバー企業を個別に保護する「保護法」的理念から，グループ利益の優先性を前提とした親会社の指示にしたがった子会社取締役の免責の視点を重視した「授権法」理念への転換，という方向性が見え始めている段階にあることも斟酌したうえでの結論である。もしこの「保護法」理念から「授権法」理念への転換の方向性が有力になったときには，わが国において例えば「グループ全体に利益となる指図をした親子会社取締役の民事・刑事責任から解放するセーフ・ハーバー・ルール」の導入が第一義的に考慮されるべきである。

この「親会社指揮権」については企業内組織と市場との中間に位置すると考えられる企業グループにおいて議決権をもつ親会社の子会社に対する規律は有効

に働いており，親子間に法的拘束力のある指揮権を与えることにより子会社の機動的運営に足枷になる。つまり事実上の支配のうえにさらに法的拘束を課すという屋上屋を重ねる規律は不必要という考え方があるが，これに対する反論として子会社経営者のおかれた立ち位置の変化に注視する必要がある。すなわち長いデフレ環境からくるリストラ圧力やグローバル競争にさらされ，子会社経営者には成果主義の圧力がかかっている。そのため親会社指揮権が法的拘束力をもたなければ，成果達成をめぐる過剰な意識からくる自社利益先行による子会社運営リスクを親会社が抱えることになる。近時噴出している子会社不祥事からくるグループ全体への経営危機波及の例がこれにあたる。

　2つ目は子会社少数株主の保護についてである。これについては米国方式に倣った「親会社株主による子会社少数株主に対する忠実義務を法的拘束として課す」ことを提言した。

　企業グループのなかで親会社はそのもつ議決権にもとづく事実上の支配によって子会社を統制する親子会社関係が存続している。わが国において，この事実上の支配関係からくる親会社による子会社少数株主利益の搾取や，不採算分野の押し付けによる子会社の少数株主の損害を保護するための規制，すなわち親会社の子会社少数株主に対する忠実義務規定が欠けている。

　これらの利益相反行為に対する対策および子会社少数株主の投資インセンティブを維持するための方策として，段階的に次のような対応策が考えられてきた。それらは，① 情報開示を主とする制度的補完，つまり「親子間の取引条件」や「親会社による私的便益の引き出しへの歯止めに関する事項」を企業グループに予め決定させ，それを例えば財務諸表への注記で開示させる，② 親会社取締役に子会社に対する不当な支配力を行使させないために，「親会社における社外取締役の導入」，「グループ監査役会の運営」，「グループ全体としての内部通報制度の設置」等の親会社の側からの抑止・牽制手段を構築する，③ 2015年5月施行の改正会社法では「内部統制体制整備義務，すなわち親会社の取締役会に子会社や海外拠点を含めた連結ベースの内部統制システムを構築する義務を課すこと」および「親会社の株主が直接子会社役員の責任を一定の条件付きではあるものの株主代表訴訟で追求できる，多重代表訴訟制度」が導入された。

はたして上記①②③で子会社少数株主保護に実効性があるであろうか。これらは親会社がこのルールに従うことを前提にしているが，その履行は親会社自身の意思如何によっておりそれを担保する法的ルールが構築されていない。このことから米国の法的ルールとして自明のこととされている親会社による子会社少数株主に対する忠実義務規定をつくる必要性が唱えられており，これは少数株主が提起する利益相反による損害の内容を事後的に審査したうえ，親会社に対し少数株主からの損害賠償の訴えをできる途をつくるものである。

　この「少数株主保護」についての改革は，内外投資家に対してもアピールする材料となる。すなわち投資家に対し米国の少数株主保護のルールと，わが国のルールに親和性をもたせることにより投資対象としてのわが国企業への株式投資に対して共通の基盤に立たせることができる。そしてグローバルな市場における投資判断は個々の企業の企業成果だけでなく各国における少数株主保護の体系が確保されているかをも加味したうえでのものになりうる。

　投資家の視点からみて共通の法的インフラが整備されていない資本市場の存在は，各国資本市場間でのコンテストに敗れるリスクにさらされるであろう。

　最後に本書に残された課題につき触れておきたい。

　1つ目にわが国企業グループの組成要因やその現状分析をしているが，この企業行動によってどのようなグループパフォーマンス（グループ価値創造）ができたかを業界別に検証する必要があると思われる。この検証によって何が契機となって組織再編に影響を与えてきたかが明らかになるであろう。

　またわが国特有の組織形態である親子上場の是非につき定性的な分析を行ったが，定量的分析すなわち子会社上場後のパフォーマンスについての分析があってしかるべきであろう。事例研究で例えば日立製作所のような個別の企業グループの損益推移をトレースすることによって上場子会社の非公開化という経営判断につき検討したが，より範囲を広げてわが国グループ経営の全体像を把握することが今後の課題になる。

　2つ目に親子間関係における法的ルールにつき，親会社による子会社に対する指揮権とそれにもとづく指図は法的拘束力をもったものでなくてはならないことを提言している。

それではこれをどのような立法処置で対応するのか。すなわち指揮権にもとづく子会社への指図という基本理念のみを立法化することによって処するのか，それともドイツのコンツェルン法的な精緻なメンバー企業の保護体制を法定化するのかについては今後の課題としたい。特にその実施時期についてはECにおける親会社の指示にしたがった子会社取締役の免責の視点を重視した「授権法」理念，すなわちローゼンバーグ原則の方向性を見定めてから法制化しても遅くはないであろう。

　3つ目に親会社による専横的行為による子会社の少数株主の損害を保護するための規制，すなわち親会社の子会社少数株主に対する忠実義務規定の必要性につき提言しているが，この忠実義務規定の内容を限定的なものにするのかそれともより広範なものにするかについても今後の課題としたい。

参考文献

[日本語文献]

青木英孝［2017］『日本企業の戦略とガバナンス』中央経済社。
青木・宮島［2011］「多角化・グローバル化・グループ化の進展と事業組織のガバナンス」宮島英昭編著『日本の企業統治』東洋経済新報社。
浅田孝幸［2006］「日本型ホールディングス（純粋持株会社）の生成・戦略的機能化と管理会計の貢献可能性」『組織科学』Vol.40, No.2, 27-42 ページ。
阿多博文［2014］「会社法改正の意義と経緯（第二部，第三部）及び多重代表訴訟の幾つかの論点」北村・高橋（英）編著『グローバル化の中の会社法改正』法律文化社。
伊藤彰敏［2009］「上場子会社の実証分析」『慶應経済論集』第 26 巻第 1 号，91-109 ページ。
伊藤邦雄［1999］『グループ連結経営』日本経済新聞社。
──── ［2004］『連結会計とグループ経営』中央経済社。
伊藤・菊谷・林田［2002］「子会社のガバナンス構造とパフォーマンス」伊藤秀史編『日本企業変革期の選択』東洋経済新報社。
伊藤・林田［1996］「企業の境界──分社化と権限委譲」伊藤秀史編『日本の企業システム』東京大学出版会。
──── ［1997］「分権化と権限移譲，不完備契約アプローチ」『日本経済研究』No.34, 4 月，89-109 ページ。
伊藤秀史［2002］「日本企業の組織再編」大塚啓次郎編著『現代経済学の潮流』東洋経済新報社。
伊藤靖史［2008］「子会社の少数株主の保護」『商事法務』No.1841, 26-34 ページ。
──── ［2009］「子会社の少数株主の保護」および「ドイツにおける子会社の少数株主・債権者保護」森本滋編著『企業結合法の総合的研究』商事法務。
伊従・矢部編［2000］『独占禁止法の理論と実務』青林書院。
遠藤・清水編［2002］『企業結合法の現代的課題と展開』商事法務。
大坪稔［2001］「日本企業における純粋持株会社形態の採用と株式市場の評価」『日本経営学会誌』No.7, 7 月，48-58 ページ。
──── ［2004］「日本企業における分社化に関する実証研究」『証券経済研究』47 号，42-65 ページ。
──── ［2005］『日本企業のリストラクチャリング』中央経済社。
──── ［2008］「日本企業の完全子会社化に関する実証研究」『日本経済研究』No.59, 7 月，42-65 ページ。
──── ［2011］『日本企業のグループ再編』中央経済社。
──── ［2014］「純粋持株会社は日本企業をどう変化させたか？」『中央大学企業研究所ワークショップ』11 月 14 日。
岡田謙二［1998］「持株会社と企業改革」川越憲治編著『持株会社の法務と実務』金融財政事情研究会。
小田切宏之［2000］『企業経済学』東洋経済新報社。
──── ［2008］『競争政策論』日本評論社。
落合誠一編［2006］『わが国 M&A の課題と展望』商事法務。
加藤岳彦［2009］「上場企業と企業統治」『日本企業の株主構造と M&A』日本経済研究センター研究

報告書，4月22日。
神作浩之［2013］「親子会社とグループ経営」江藤憲治郎編『株式会社法大系』有斐閣。
河合正二［2012a］「グループ経営における経営指導と責任」『金沢星稜大学論集』第45巻3号，1-10ページ。
────［2012b］『グループ経営の法的研究─構造と課題の考察─』法律文化社。
監査法人トーマツ編［2001］『持株会社による企業グループ構築の実務』清文社。
神戸伸輔［1998］「株主間利害対立」三輪・神田・柳川編『会社法の経済学』東京大学出版会。
菊澤研宗［2006］『組織の経済学─新制度派経済学への応用─』中央経済社。
岸井・向田・和田・内田・稗貫［2008］『経済法─独占禁止法と競争政策［第5版］』有斐閣。
菊谷・斎藤［2006］「完全子会社化の経済分析」『京都大学経済研究所先端政策分析センター』9月，1-21ページ。
北村雅史［2010］「親子会社法制に関する検討課題」『大阪証券取引所金融商品取引法研究会』9月24日，1-17ページ。
慶応大学法学研究会［1969］『西独株式法』慶応大学法学研究会。
小塚壮一郎［1998］「会社法は経済理論からいかに学び得るか」三輪・神田・柳川編『会社法の経済学』東京大学出版会。
小寺彰［2003］「独禁法の域外適用・域外執行をめぐる最近の動向」『ジュリスト』No.1254，10月15日。
小本恵照［2003］「分社化と企業収益に関する実証分析」『経済調査レポート』ニッセイ基礎研究所，2月，1-18ページ。
────［2004］「純粋持株会社の課題とは何か」『エコノミストの眼』ニッセイ基礎研究所，5月，47-55ページ。
酒巻俊雄［2000］「日本における会社法の最近の動向と課題」『商事法務』No.1576，11月5日，15-22ページ。
佐藤一雄［1998］『アメリカ反トラスト法』青林書院。
────［2005］『米国独占禁止法』信山社出版。
宍戸・新田・宮島［2010］「親子上場をめぐる議論に対する問題提起─法と経済学の観点から─」『商事法務』（上）（中）（下），5月5日，5月25日，6月5日。
────［2011］「親子上場の経済分析」宮島英昭編著『日本の企業統治』東洋経済新報社。
宍戸・常木［2004］『法と経済学』有斐閣。
志馬祥紀［2006］「上場廃止はだれのためか」『証券経済研究』第55号，77-94ページ。
下谷政弘［2001］「持株会社の2つの機能」『経済論集』（京大）第167巻第1号，153-156ページ。
────［2006］『持株会社の時代─日本の企業結合』有斐閣。
────［2009］『持株会社と日本経済』岩波書店。
上場制度整備懇話会［2007］『上場制度整備懇談会中間報告』東京証券取引所。
高橋英治［2007］『ドイツと日本における株式会社法の改革』商事法務。
────［2008］『企業結合法制の将来像』中央経済社。
高橋宏幸［2007］『戦略的持ち株会社の経営』中央経済社。
────［2000］「コンツェルンの統一的指導と人的結合」『総合政策研究』［5］。
────［2009］「グループ経営における戦略的持ち株会社の導入」『月刊監査役』556号。
────［2014a］「コンツェルンタイプとコンツェルン本社」『創価経営論集』第38巻1号。
────［2014b］「準制度的管理用具としての人的結合と企業結合」『中央大学経済研究所年報』第45号。
高橋均［2007］「完全親子会社形態における完全子会社取締役の責任追及のあり方」『商事法務』

No.1793,3月5日,26-34ページ。
玉村博巳［2006］『持株会社と現代企業』晃洋書房。
西澤脩編［2001］『グループ経営ハンドブック』中央経済社。
根岸・舟田［2006］『独占禁止法概説［第3版］』有斐閣。
野村健太郎［2003］『連結企業集団の経営分析』税務経理協会。
花枝英樹［2005］『企業財務入門』白桃書房。
原正則［2011］「株主間利害対立に係る法的ルールの経済学的分析」林・高橋編『現代経営戦略の展開』中央大学出版部。
────［2016］「グローバル経済におけるグループ経営の現況とその課題」高橋・加治・丹沢編『現代経営戦略の軌跡』中央大学出版部。
林・高橋編著［2004］『現代経営戦略の潮流と課題』中央大学出版部。
────［2011］『現代経営戦略の展開』中央大学出版部。
林・浅田編著［2001］『グループ経営戦略』東京経済情報出版。
福井秀雄［2007］『法と経済学』日本評論社。
舩津浩司［2010］『「グループ経営」の義務と責任』商事法務。
────［2015］「欧州における企業グループ法制の動向と日本の法制のあり方」『ファイナンシャル・レビュー』財務省財務総合研究所,平成27年第1号（通巻第121号）,3月,108-134ページ。
松尾・ヘムロック［1999］「米国独禁法の域外適用の進展について」『アメリカ法』(1) 日米法学会学会誌刊行センター。
松崎和久［2013］『グループ経営論』同文舘出版。
松下満雄［2001］「ファックスペーパー反トラスト事件差戻審判決」『国際商事法務』Vol.29, No.1。
三輪・神戸・柳川編［1998］『会社法の経済学』東京大学出版会。
みずほコーポレート銀行産業調査部［2010］「純粋持株会社体制におけるグループ経営上の落とし穴」『Mizuho Industry Focus』Vol.89, 8月11日。
前田重行［2012］『持株会社法の研究』商事法務。
鞠子公男［1971］『持株会社』商事法務研究会。
村中徹［2014］「子会社少数株主の保護」北村・高橋（英）編著『グローバル化の中の会社法改正』法律文化社。
宮島英昭編著［2011］『日本の企業統治』東洋経済新報社。
桃尾・松尾・難波法律事務所編［2015］『コーポレート・ガバナンスからみる会社法［第2版］』商事法務。
柳川範之［2006］『法と企業行動の経済分析』日本経済新聞社。
山下和保［2008］「締出し組織再編行為と少数株主の保護(1)」『筑波法政』第45号,9月,123-142ページ。
葉聡明［2011］『日本企業の合併買収と企業統治』白桃書房。
渡辺明人［1997］「ファックス用感熱紙事件及びリジン事件について」『公正取引』559号,5月。

[外国語文献]

Ahn, S. and Denis, D. [2004] "Internal capital markets and investment policy: evidence from corporate spinoffs", *Journal of Financial Economics*, 71, pp.489-516.

Allen, J. [1998] "Capital Markets and Corporate Structure: The Equity Carve-Out of Thermo Electron", *Journal of Financial Economics*, 48, pp.99-124.

Amit, R. and Schoemaker, P. [1993] "Strategic Assets and Organizational Rent", *Strategic Management Journal*, Vol.14, pp.33-46.

参考文献

Aron, D. J. [1991] "Using the capital market as a monitor: corporate spinoffs in an agency framework", *RAND Journal of Economics*, vol.22, No.4, Winter, pp.505-518.

Bolton, P. and Scharfstein, S. [1998] "Corporate Finance, the Theory of the Firm, and Organization", *Journal of Economic Perspectives*, vol.12, Number4-Fall, pp.95-114.

Brealey, R., Myers, S. and Allen, F. [2010] *Principles of Corporate Finance*, McGraw-Hill.

Collis, D., Young, D. and Goold, M. [2007] "The Size, Structure and Performance of Corporative Headquarters", *Strategic Management Journal*, 28, pp.383-403.

Colombo, M. and Delmastro, M. [2002] "The Determinants of Organizational Change and Structural Inertia", *Journal of Economics & Managerial Strategy*, 11, pp.595-635.

Connor, J. M. [2001] "Our Customers Are Our Enemies": The Lysine Cartel of 1992-1995, *Review of Industrial Organization*, 18, pp.5-21.

Cusatis, P., Miles, J. and Woolridge, R. [1993] "Restructuring through Spinoffs", *Journal of Financial Economics*, 33, pp.293-311.

Dalton, G. and Lawrence, P. [1970] *Organizational Change and Development*, Richard D. Irwin, Inc.

De Wit, B. and Meyer, R. [2005] *Strategic Synthesis: Resolving Strategic Paradoxes to Create Competitive Advantage*, South Western.

Douma, S. and Schreuder, H. [2002] *Economic Approaches to Organizations*, Pearson Education Limited (UK).(丹沢・岡田・渡部・菊沢・久保・石川・北島訳 [2007]『組織の経済学入門』文眞堂。)

Dyer, J. H. and Singh, H. [1998] "The Relational View: Cooperative Strategy and Source of Interorganizational Competitive Advantage", *Academy of Management Review*, vol.23, No.4, pp.660-679.

Evenett, S. J., Levenstein, M. C. and Suslow, V. Y. [2001] "International Cartel Enforcement: Lessons from the 1990s", *World Bank Policy Research Working Paper*, No.2680, February 17, 2002.

First, H. [2001] "The Vitamins Case: Cartel, Prosecutions and the Coming of International Competition Law", *Antitrust Law Journal 2001*, 63:3, pp.711-729.

Fugate, W. L. [1991] *Foreign Commerce and the Antitrust Laws*, Little, Brown & Co.

Harrison, J. L. [1995] *Law and Economics*, West Publishing Co.(小林・松岡訳 [2001]『法と経済学』多賀出版。)

Hart, O. [1995] *Firms, Contracts, and Financial Structure*, Oxford University Press.(鳥居昭夫訳 [2010]『企業 契約 金融構造』慶応義塾大学出版会。)

Jensen, M. [2003] *A Theory of the Firm, Governance, Residual Claims, and Organizational Forms*, First, Harvard University Press.

La Porta, R., Lopez-De-Silanes, F. and Shieifer, A. [1999] "Corporate Ownership Around the World", *The Journal of Finance*, VOL.LIV, NO.2, April, pp.471-517.

La Porta, R., Lopez-De-Silanes, F., Shieifer, A. and Vishny, R. [2000] "Investor Protection and Corporate Governance", *Journal of Financial Economics*, 58, pp.3-27.

Milgrom, P. and Roberts, J. [1992] *Economics, Organization & Management*, Prentice Hall, Inc.(奥野・伊藤・今井・西村・八木訳 [1997]『組織の経済学』NTT 出版。)

Perotti, E. and Rossetto, S. [2007] "Unlocking value: Equity carve outs as strategic real option", *Journal of Corporate Finance*, Vol.13, 5 Dec., pp.771-792.

Provan, K. G. [1983] "The Federation as an Interorganizational Linkage Network", *Academy of Management Review*, vol.8, No.1, pp.79-89.

Rill, J. F. [1989] "Antitrust and International Competitiveness in the1990's", *Antitrust Law Journal 1989-1990*, Vol.58: 2, pp.583-590

Saloner, G., Shepard, A. and Podolny, J. [2001] *Strategic Management*, Wiley & Sons. (石倉洋子訳 [2002]『戦略経営論』東洋経済新報社。)

Schipper, K. and Smith, A. [1986] "A Comparison of Equity Carve-outs and Seasoned Equity Offerings", *Journal of Financial Economics*, 15, pp.153-186.

Slovin, M. B. and Sushka, M. E. [1997] "Implications of Equity Issuance Decisions within a Parent-Subsidiary Governance Structure", *The Journal of Finance*, VOL.LII, NO.2, June pp.841-857.

―― [1998] "The Economics of Parent-subsidiary Mergers: an empirical analysis", *Journal of Financial Economics*, 49, 1998, pp.255-279.

Trebilcock, M. and Iacobucci, E. [2003] "National Treatment and Extraterritoriality: Defining the Domains of Trade and Antitrust Policy", University of Toronto, April 2, v.9.

Vijh, A. [1999] "Long-term Returns from Equity Carveouts", *Journal of Financial Economics*, 51, pp.273-308.

―― [2002] "The Positive Announcement-Period Returns of Equity Carveouts: Asymmetric Information or Divesture Gains?" *Journal of Business*, vol.75, no.1, pp.153-190.

Williamson, O. [1970] *Corporate Control and Business Behavior*, Prinston Hall. (岡本・高宮訳 [1975]『現代企業の組織革新と企業行動』丸善。)

―― [1975] *Markets and Hierarchies*, The Free Press. (浅沼・岩崎訳 [1980]『市場と企業組織』日本評論社。)

索　引

【ア行】

インフルエンスコスト　14
エージェンシー問題　5, 64
エージェンシー理論　41, 127, 146
エクイティーカーブアウト（equity-carve-out）　32, 130
オプション仮説　36
親会社指揮権　3, 95
親子上場　24, 28, 30

【カ行】

会社財産濫用罪　112
会社分割制度　2
株式移転制度　2
株式交換制度　2, 12
株主間利害対立　120, 124, 126
株主権の縮減　95, 100
関係特殊的投資　43
完全子会社　6
　──化　17, 29
完備契約　42
企業グループ　1
企業戦略　60
企業の境界　44, 49
基礎的価格理論　145
救済　3, 98
経営者裁定理論　73
経済力集中機能　71
契約コンツェルン　111
兼務問題　74, 76
子会社　3, 22
　──化　12
国際カルテル　139, 142
コンツェルン　106, 108
　──法　106

【サ行】

残余コントロール権　45
残余利潤請求権　45
指揮命令権　93
事業再編仮説　18
事業戦略　60
事後の公正　122
事実上のコンツェルン　111, 114
市場の組織化　15
システムズ・アプローチ　73
事前の公正　122
私的便益の引き出し　3, 120
授権法　113
少数株主保護　3, 118, 120, 122, 131
　──問題　127
所有権理論　26, 45
新古典派理論　39
ストック・ピラミッド　25
スピンオフ（spin-off）　33, 35, 130
清算　3, 98
セーフ・ハーバー・ルール　110, 161
善管注意義務　3, 96, 98, 140
組織再編機能　72
組織の市場化　13

【タ行】

多重代表訴訟制度　3, 101, 103
忠実義務　27, 98, 130, 134
低成長仮説　18
独禁法の域外適用　62, 139, 140
取引費用理論　26, 42, 51, 72

【ナ行】

内部統制体制整備義務　115, 133

【ハ行】

反トラスト法　85, 88, 141

不完備契約　42, 45, 52
ファイナンシャルトンネリング　120
分社化　12
保護法　113
ホールドアップ　44, 50

【マ行】

持株会社　67, 69, 77
モラルハザード　64, 128, 147

【ヤ行】

U型組織　66

【ラ行】

利益相反　27, 30, 128, 134
　——問題　3
連単倍率　152
ローゼンブルーム原則　112, 114

著者紹介

原　正則（はら　まさのり）
- 1946年　北海道生まれ。
- 1970年　北海道大学法学部法律学科卒業。
- 1977年　米国インディアナ大学経営学修士（MBA）修了。
- 1970年　三井信託銀行，1999年三井リース事業，2004年三信振興勤務。
- 2008年　中央大学大学院経済学研究科経済学専攻博士前期課程修了，経済学修士：題目「純粋持株会社の経済的機能―経営戦略と組織再編の視点からの一考察―」。
- 2017年　中央大学大学院経済学研究科経済学専攻博士後期課程修了，経営学博士：題目「わが国企業グループの効率的運営の戦略的課題―法的ルールと経済的機能の視点から―」。

著作
- 2009年　「日本企業の反競争行為による経営非効率の分析―独占禁止法の域外適用についての一考察―」『東アジア経済経営学会誌』第2号。
- 2011年　「株主間利害対立に係る法的ルールの経済学的分析」林昂一・高橋宏幸編著『現代経営戦略の展開（中央大学経済研究所研究叢書 第53号）』共著，第6章，中央大学出版部。
- 2013年　「グループ経営における子会社の態様―制度変更と経済的機能からみた組織再編行動の分析―」『中央大学経済研究所年報』第44号。
- 2016年　「グローバル経済におけるグループ経営の現況とその課題」高橋宏幸・加治敏雄・丹沢安治編著『現代経営戦略の軌跡（中央大学経済研究所研究叢書 第67号）』共著，第2章，中央大学出版部。

グループ経営戦略論
―企業グループの効率的運営に向けて―

2018年12月10日　第1版第1刷発行　　　　　　　　　検印省略

著　者　原　　正　則
発行者　前　野　　隆

発行所　東京都新宿区早稲田鶴巻町533
　　　　株式会社 文眞堂
　　　　電　話 03（3202）8480
　　　　FAX 03（3203）2638
　　　　http://www.bunshin-do.co.jp
　　　　郵便番号（162-0041）振替00120-2-96437

製作・モリモト印刷
©2018　定価はカバー裏に表示してあります
ISBN978-4-8309-5003-2 C3034